NICHOLAS BREEZE WOOD

# SCHAMANISMUS

## RITUALE FÜR HEILUNG, SCHUTZ UND GLÜCK

W0180875

**Librero**

Titel der Originalausgabe: *The Shaman Box.*

© 2022 Librero IBP
(für die deutsche Ausgabe)
Postbus 72, 5330 AB Kerkdriel,
Niederlande

© 2020 Quarto Publishing plc

Herausgeber: Samantha Warrington
Design: Dave Jones
Artdirection: Gemma Wilson
Endredaktion: Anna Southgate

Aus dem Englischen von Anne Döbel
(für iMport/eXport)
Lektorat: Anika Seemann
Satz: iMport/eXport

Gedruckt und gebunden in China

ISBN 978-94-6359-802-6

Alle Rechte vorbehalten. Kein Teil dieses
Werkes darf in irgendeiner Form
(durch Fotografie, Mikrofilm oder ein
anderes Verfahren) ohne schriftliche
Genehmigung des Verlages reproduziert
oder unter Verwendung elektronischer
Systeme verarbeitet, vervielfältigt oder
verbreitet werden.

# INHALT

# EINFÜHRUNG

Nicht durch Zufall oder Geburtsrecht sind wir Menschen.
Anfangs sind wir nicht mehr als zweibeinige Wesen. Es ist
eine Reise, zum wahren Menschen zu werden. Sie nicht
anzutreten, kann gefährlich sein.

Vor der industriellen Revolution waren wir eine ländliche Gesellschaft. Die Entwicklung seitdem hat dazu geführt, dass viele Menschen die Stadtgebiete kaum je verlassen. Die wechselnden Jahreszeiten nehmen wir nur auf dem Weg ins Büro wahr oder wenn wir zum Supermarkt gehen, wo wir saisonale Produkte in den Regalen finden.

## Die beständige Erde

Unter unseren Füßen – unter dem Beton und dem Stahl, unter Steinen und Schotter – liegt die Erde. Seit Anbeginn der Zeit ist sie immer dort gewesen. Wir Menschen laufen auf ihr herum. Wir können das gedankenlos tun, aber auch mit Respekt. Tief unter den heutigen Straßen von Paris, New York oder London liefen unsere Vorfahren und schufen eine heilige Verbindung zur Erde. Sie führten Zeremonien durch, sie tanzten, sie riefen die Geister an, beteten und erhielten heilige Bereicherung.

## Animismus

Unserem modernen Leben ist die spirituelle Welt fremd geworden, dennoch heben die meisten Menschen im Park Tannenzapfen auf oder bewundern die Schönheit einer Muschel. Wir haben ein angeborenes Bedürfnis, unsere Welt zu bestaunen und mit ihr zu kommunizieren. Die Welt spirituell wahrzunehmen, ihre allumfassende Lebendigkeit zu erkennen, wird als Animismus bezeichnet. Animisten glauben, dass ein Berg einen Geist besitzt, genau wie die Erde und die Bäume. Animismus ist der Grund für alle spirituellen Traditionen, die es gibt. Auf diese Weise sahen unsere Vorfahren die

Welt und tief in uns drin ist diese Sicht auch heute noch Teil unseres Wesens.

## Schamanismus

Der Animismus ist das Prinzip hinter dem uralten spirituellen Weg des Schamanismus. Ein Schamane ist ein Mensch, der tiefes Verständnis dafür hat, dass die Welt voller Geister und spiritueller Energie ist und der etwas mit dieser Erkenntnis anfängt. Schamanen wissen, dass die Berggeister, die Geister der Flüsse, die unserer Vorfahren und alle anderen, die unsere Welt teilen, in jedem Moment bei uns sind. Schamanische Menschen studieren die Pfade der „alten Völker" und sind in der Lage, mit den

Geistern zu kommunizieren. Sie lernen, wie sie sich im Trancezustand unter den Geistern bewegen können. Dort bitten sie sie um Hilfe bei der Heilung, dort erhalten sie Verständnis für den großen Tanz des Lebens, an dem wir alle teilnehmen.

## Schamanische Wege

Dieses Buch macht aus Ihnen keinen Schamanen. Diese widmen ihrer Berufung ihr ganzes Leben. Sie opfern sich selbst für ihr Volk und verbringen viele Jahre damit, Wissen und Fähigkeiten zu erwerben, die zu verstehen es noch weit länger dauert. Aber was dieses Buch kann, ist, eine Tür zur Welt der Schamanen zu öffnen und Ihnen zu zeigen, wie Sie einige schamanische Bräuche anwenden können. Damit sollen Sie nicht etwa Macht über andere Menschen erlangen oder materiellen Erfolg, sie sind dafür, dass Sie sich dem Tanz, in dem sich alles bewegt, nähern, soll Ihr Bewusstsein dafür schärfen, damit Sie die Wunder des Meeres, des Monds, des Baums und des Adlers erleben – und dadurch vollständiger werden.

# DIE SCHAMANISCHE WELT

Für Schamanen ist alles lebendig, alles besitzt einen Geist. Und alles ist Teil der Schöpfung und gleichberechtigt. Schamanen gehören zu Völkern mit zwei Beinen, außerdem gibt es Völker mit vier oder mehr Beinen, schwimmende Völker, fliegende Völker und Myriaden anderer Wesen zwischen Großmutter Erde und Großvater Himmel.

Schamanen empfangen ihr Wissen durch Geister und andere schamanische Menschen – hauptsächlich von Geistern: Sie pflanzen die Saat, die während der Ausbildung gehegt und gepflegt wird.

Menschen bitten um schamanische Hilfe, damit Kranke gesund werden oder um die zu suchen, die verloren gingen, um den Jahreskreis zu verstehen und um den richtigen Zeitpunkt für die Schritte des heiligen Tanzes zu erfahren, den alle tanzen. Schamanen dienen den Menschen und den Geistern als Brücke zwischen sich.

# WAS IST EIN SCHAMANE?

Es gibt Schamaninnen und Schamanen. Sie haben Zugang zur Geistwelt und reisen im Trancezustand in eine andere Realität, um mit den Bewohnern dort zu kommunizieren und spirituelles Wissen zu erlangen.

Das Wort „Schamane" stammt aus der Sprache des sibirischen Volks der Tungus und bedeutet Heiler und Magier. In Russland übte Sibirien lange Zeit auf viele Menschen eine besondere Faszination aus. Jahrhundertelang gab es viele Ausstellungen über Sibirien und Exkursionen dorthin. Autoren des 19. Jahrhunderts bezeichneten mit „Shamanen" die Volksheiler dieser Region und langsam verbreitete sich der Begriff über die russische Literatur in die ganze Welt, um ähnliche spirituelle Systeme zu beschreiben.

## Respekt und Angst

Wir halten Schamanen häufig für Stammespersonen, die als Heiler oder Priester unter ihren Leuten lebten und Stammeswissen hüteten. Das stimmt nur zum Teil: Schamanen gelten oft als heilig, aber ihr Verhältnis zum Stamm ist vom kulturellen Kontext abhängig. Manche Völker akzeptieren und ehren sie, geben ihnen einen Platz unter sich und behandeln sie als wichtige Personen. Andere fürchten sie, die abseits vom Stamm leben und nur aufgesucht werden, wenn jemand Hilfe braucht.

## Fachleute des Heiligen

Schamanen kennen sich mit der spirituellen Struktur des Lebens aus. Sie wissen, dass alle Menschen mit allen anderen Wesen in der Welt in Beziehung stehen – sowohl körperlich als auch geistig – und nicht isoliert leben können. Schamanen waren die ersten Menschen, die in einen heiligen Dialog mit der Schöpfung traten.

Sie sind oft vertraut mit Krankheiten und Heilung und verfügen dementsprechend über ein umfangreiches Wissen über Kräuter und Pflanzen. Viele sind in der Durchführung von Zeremonien geschult, die erfolgreiche Jagden und Ernten beschwören sollen. Oder solche, die Geburt, Pubertät, Ehe und Tod begleiten. Manche dokumentieren den Verlauf der Zeit. Ihre wichtigste Aufgabe ist die Vermittlung zwischen dem Banalen und dem Heiligen, zwischen der Welt der zweibeinigen Wesen und der Welt der Geister. Sie führen die Zeremonien des Jahreskreises durch, die diese Welten miteinander verbinden. Schamanen sind heilige Fachleute.

*Ein Schamane in traditioneller Kleidung auf einem offenen Platz auf der russischen Insel Olchon im Baikalsee bei Irkutsk, versunken in einer Trance.*

# SCHAMANISMUS DER WELT

Schamanismus existiert seit Tausenden von Jahren. Zwar zeigt
er sich in vielen Variationen, dennoch ähneln sich viele Kulturen darin,
wie sie die heilige Natur der Welt interpretieren. Gemeinsam ist ihnen
die Sicht auf die Welt als etwas Lebendiges.

Weltweit fühlen sich Menschen mit der Erde verbunden, als feste Bestandteile der Schöpfung. Und sie brauchen jemanden, der mit ihrer Welt kommuniziert: der Schamane.

**NORDAMERIKA** Von Sibirien und Fernost aus verbreitete sich der Schamanismus über die Beringstraße nach Alaska und von dort über Kanada bis nach Grönland. Viele der Stämme Nordamerikas haben eine schamanische Sicht auf die Welt.

**ZENTRALAMERIKA** Dem spirituellen Verständnis in den Reichen der Goldenen Sonne wie den Azteken und Maya hafteten Elemente des Animismus und Schamanismus an.

**SÜDAMERIKA** Der spirituelle Glaube Südamerikas umfasste ein animistisches und schamanisches Bewusstsein, ob in den grünen Regenwäldern, in kalten Berghöhen, den Wüsten der Westküste oder den Tundra-ähnlichen Gebieten der Südspitze.

**EUROPA** Von Westsibirien aus dehnten sich schamanische Strömungen über Teile Nordeuropas und in die wärmeren Gebiete Zentraleuropas aus. Menhire, Steinkreise und Kirchen, die auf heiligen Stätten gebaut wurden, die älter als das Christentum sind, finden sich in vielen Ländern. Die Menschen, die sie bauten, hatten einiges mit denen aus Sibirien, den amerikanischen Ureinwohnern und den Aborigines in Australien gemeinsam.

**MITTLERER OSTEN** In der Antike kam der mittlere Osten in Kontakt mit schamanischen Stämmen, die aus den Steppen Sibiriens zu ihnen zogen.

**AFRIKA, PAZIFIKREGION UND AUSTRALIEN** Auch dort gibt es Schamanismus. Die Kulturen der Aborigines in Australien und der Maori in Neuseeland sind voller schamanischer, spiritueller Weisheit und Traditionen.

*Ein Maya-Schamane am See Atitlán in Guatemala segnet das Land.*

**SIBIRIEN, RUSSLAND UND DIE LÄNDER DES FERNEN OSTENS** Schamanismus findet sich überall in Sibirien. In Südsibirien, der Mongolei und China bildete er eine gegenseitig bereichernde Fusion mit dem Buddhismus. Spuren schamanischer Kultur finden sich zudem auf den Inseln zwischen Russland, China und Japan.

# MIT DEN GEISTERN WANDERN

In der schamanischen Welt sind wir immer und überall
von Geistern umgeben. Alle sogenannten lebenden Wesen wie
Pflanzen und Tiere haben Geister, aber ebenso die, die wir
gewöhnlich als unbelebt bezeichnen, so wie Steine oder Flüsse.
Alles ist Teil der Schöpfung und alles hat einen Geist.

Es gibt Geister von Wesen, die sich in der
körperlichen Welt nicht manifestieren, zum
Beispiel die Geister von Vorfahren und
Totemtieren, die Geister von Krankheit,
himmlische Geister – wie der Geist der
Unterwelt oder des Himmels –, die Geister
der vier Himmelsrichtungen, der Geist
eines Gebäudes oder der Trommel eines
Schamanen.

## Pragmatische Spiritualität

Wir durchwandern diese Welt der Geister,
das ist Teil des heiligen Tanzes aller Dinge.
Alle Wesen wandern dort, aber nur
Schamanen lernen, mit den Geistern zu
kommunizieren. Sie erlernen die Lieder, die
gesungen werden und die Zeremonien, die
durchgeführt werden müssen. Dadurch bauen
sie die „richtige Beziehung" zu allem auf und
bringen Harmonie und Schönheit in die
Welt. Und sie machen es, weil es funktioniert
– die Geister helfen bei der Heilung und
bei der Jagd. Der Schamanismus ist eine
pragmatische Spiritualität.

## Heimat für die Seele

Wir verlassen uns auf Wissen und die
Wissenschaft, wenn etwas schiefläuft.
Viele der modernen Errungenschaften sind
zweifellos wunderbar. Die Geister allerdings
helfen den Menschen schon viel länger
als Maschinen, die Kommunikation mit
ihnen labt die Seele weit mehr als neueste
technische Fortschritte dies jemals könnten.
Folgen wir den uralten Pfaden, haben
wir tief in uns drin das Gefühl, nach
Hause zu kommen.

*Der Fels der Aphrodite in Zypern. Die griechische Göttin Aphrodite soll hier geboren sein. Die Einheimischen glauben, dass der Geist des Felsens die, die um ihn herumschwimmen, mit ewiger Schönheit segnet.*

„Der Mensch hat
das Netz des Lebens
nicht gewebt, er ist
nur ein Faden darin."

# ALLES HÄNGT ZUSAMMEN

Am Anfang war Alles und Alles war männlich und Alles war
weiblich, Alles war heiß und Alles war kalt, war oben und unten,
war dunkel und hell – der Urgroßvater und die
Urgroßmutter aller Dinge.

## Das Netz des Lebens

Und diese beiden tanzten miteinander und
während sie tanzten, liebten sie sich und
gebaren ihr erstgeborenes Kind: die Sonne.
Dann tanzten und liebten sie sich erneut
und bekamen ihr zweites Kind: die Erde.
Und die Kinder der Urgroßeltern, die Sonne
und die Erde, liebten sich und machten
ein Kind, das Volk der Heiligen Pflanzen.
Danach bekamen sie die Heiligen Tiere und
als sie wieder Liebe machten, zeugten sie die
Heiligen Menschen. Auf diese Weise sind wir
alle miteinander verwandt.

Der Glaube, dass alle Wesen miteinander
verbunden sind, wird von vielen
Stammeskulturen geteilt. In Zeremonien
der amerikanischen Ureinwohner, speziell
der Lakota, werden oft die Worte „Für
alle meine Verwandten" gesprochen. Die

Worte sind ein Gebet, ein Dank an alles,
was existiert, für das Geschenk des Lebens.
Zeremonien werden für alle Verwandten
durchgeführt, für das Wohl aller Wesen.
Dem amerikanischen Ureinwohner
und Redner Häuptling Seattle wird der
Ausspruch zugeordnet: „Der Mensch hat
das Netz des Lebens nicht gewebt, er ist nur
ein Faden darin."

## Kontakt verlieren

Wenn Menschen den Kontakt zu ihren
Verwandten verlieren, wenn sie isoliert
und zurückgezogen von der Welt und vom
heiligen Jahrestanz leben, werden sie einsam.
Tief drin leiden sie Schmerzen und wer
diesen tiefen Schmerz fühlt, verliert den
Kontakt zu sich selbst, wird innerlich leer.
Dann kommen Krankheiten, breiten sich in
der Leere aus und verstecken sich dort.

# HEILIGE ETHIK

Alles ist lebendig und darum verdient alles Respekt. Die Ethik im
Schamanismus ist daher von höchster Bedeutung. Der erste Schritt
auf diesem Pfad ist die Lehre, dass wir alles, was wir machen,
mit Respekt und Dankbarkeit ausführen müssen.

## Entweihung

Der in letzter Zeit zunehmende Bedarf
an Quarzkristallen zur Heilung führte
zu einigen sehr unheiligen Methoden,
wie den Abbau durch Sprengung – eine
schreckliche Schändung in den Augen
traditioneller Animisten. Auch die
Förderung von Erdöl kann ähnliches
Entsetzen auslösen, wie bei dem
Volk der U'wa in Kolumbien, die mit
Massenselbstmord drohten, als ein
Ölunternehmen auf ihrem heiligen
Land Bohrungen durchführen wollte.

## Danke sagen

Eine Schlüsselhandlung der
animistischen und schamanischen
Spiritualität ist es, ein heiliges Geschenk
anzubieten für das, was genommen
wird. Wenn Sie einen heiligen Ort
besuchen oder eine heilige Zeremonie
auf dem Land abhalten, dabei ein Stück
Holz oder eine Feder mitnehmen, dann
hinterlassen Sie immer ein Geschenk.

Das Leben ist sehr kostbar. Es ist
notwendig, von anderen Wesen zu
nehmen, aber eines Tages sterben auch
wir und ernähren andere – das ist die
Natur der Dinge. Daher sollten wir
immer dankbar sein für die Zeit und
die Dinge, die wir haben. Wir sollten
niemals mehr nehmen, als wir brauchen
und immer unseren Verwandten Dank
aussprechen.

*Wir dürfen nicht einfach rausgehen und einen
Baum fällen, der Baum ist ein Wesen wie wir.
Wir sprechen ein Gebet für seinen Geist und
schenken ihm im Austausch etwas für das, was
wir nehmen.*

# DER KREIS DER SCHÖPFUNG

Stellen Sie sich auf einen offenen Platz, an dem Sie eine weite Sicht haben.
Sie werden feststellen, dass Sie im Zentrum eines Kreises stehen, dem Kreis
des Horizonts. Ihr Platz darin ist die heilige Mitte der Welt, der heilige Kreis
des Horizonts umringt sie komplett. Wir alle befinden uns zu jeder Zeit im
heiligen Zentrum der Welt, nur bemerken wir das normalerweise nicht.

## Kreis und Kreuz

In der heiligen Mitte stehend, liegt immer
eine Richtung vor Ihnen, eine hinter Ihnen,
eine links, eine rechts. Der Himmel ist
über Ihnen, der Boden unter Ihnen. Dies
ist die Unterteilung des heiligen Kreises.
Stellen Sie sich vor als Figur im Zentrum,
die ihre Arme ausstreckt, um den Kreis zu
berühren.

Die Sonne geht im Osten auf und im
Westen unter. Diese Richtungen bilden die
Arme des Kreuzes – feste Punkte, die alle
Wesen gemeinsam haben. So können auch
die anderen Arme des Kreuzes, Norden
und Süden, verankert werden. Kreis und
Kreuz sind Mittel, um der Welt Sinn
zu verleihen. Zusammen bilden sie das
„Medizinrad".

## Der heilige Kreis

Für Ureinwohner überall auf der Welt
ist der Kreis seit Jahrtausenden heilig. Er
ist heilig, weil er uns in verschiedensten
Formen umgibt:

+ Sonne und Mond sind Kreise.
+ Die Sterne kreisen am Himmel.
+ Das Jahr folgt einem Kreis vom Winter
  über den Sommer und wieder zum Winter.
+ Vögel bauen runde Nester.
+ Ein Wirbelwind ist kreisförmig.
+ Die Form von Bäumen ist ziemlich
  kreisförmig.
+ Regentropfen sind rund. Regenbögen
  sind Halbkreise.
+ Stammesvölker bauen häufig runde
  Häuser. Plätze für Zeremonien wie die
  uralten europäischen Steinkreise und die

nordamerikanischen Kivas und Stätten für den Sonnentanz sind rund.

Alles bildet einen Teil des heiligen Kreises: die Jahreszeiten, das Leben von Menschen und Tieren und unser schöner Planet.

*Ein Maskenweber beim Nestbau. Zuerst formt er das Einflugloch – ein perfekter Kreis.*

# DAS MEDIZINRAD

Im schamanischen Sinn bezieht sich Medizin nicht nur auf Heilmittel, sondern auch auf das Wissen und die Kraft in jeder Lebensform. Über das Medizinrad gelangt man bis zum Wesen der Existenz. Kreis und Kreuz des Medizinrads – auch als „Vier Viertel der Welt" bekannt – finden sich in vielen Kulturen überall in der Welt wieder.

Mit dem Medizinrad lässt sich das mentale, körperliche, emotionale und spirituelle Verständnis vertiefen. Auch kann man sich an ihm in jedem Bereich des Lebens orientieren. Jeder Abschnitt des Rads ist einem Element und einem Aspekt des Lebens zugeordnet (siehe Seite 23), deren Position in den weltweit zahlreichen Traditionen unterschiedlich sein kann.

## Osten und Westen

Wenn die Sonne im Osten aufgeht, ist das die Geburt eines neuen Tages, sodass der Osten als Geburtsstätte angesehen wird. Jede Handlung hat einen Ursprung, geschieht und ist vorbei, macht dabei Platz für die nächste. Die Sonne geht auf und bringt Hitze. Die Sonne ist Feuer, also gehört Feuer in den östlichen Sektor des Kreises. Im Westen geht die Sonne unter, dort endet jeder Tag und geht in die Dunkelheit der Nacht über. So, wie Menschen sterben, stirbt auch die Sonne, also gilt der Westen als Ort des Todes. Es ist der Körper, der stirbt, daher ist der Westen die Heimat unseres physischen Daseins. Der Osten ist demnach der nicht-physische Ort für den Geist, das Handeln und die Leidenschaft. Und da Menschen auf Arten funktionieren, die Tieren nicht zu eigen sind – sie bauen oder erschaffen Dinge –, sind Menschen dem Osten zugeordnet.

Die Sonne stirbt jeden Abend im Westen, nur um am nächsten Tag neu im Osten geboren zu werden. Im Westen bereitet sich der neue Tag auf seine Entstehung vor, sodass zum Westen das Warten gehört und das Bereitmachen, im richtigen Moment

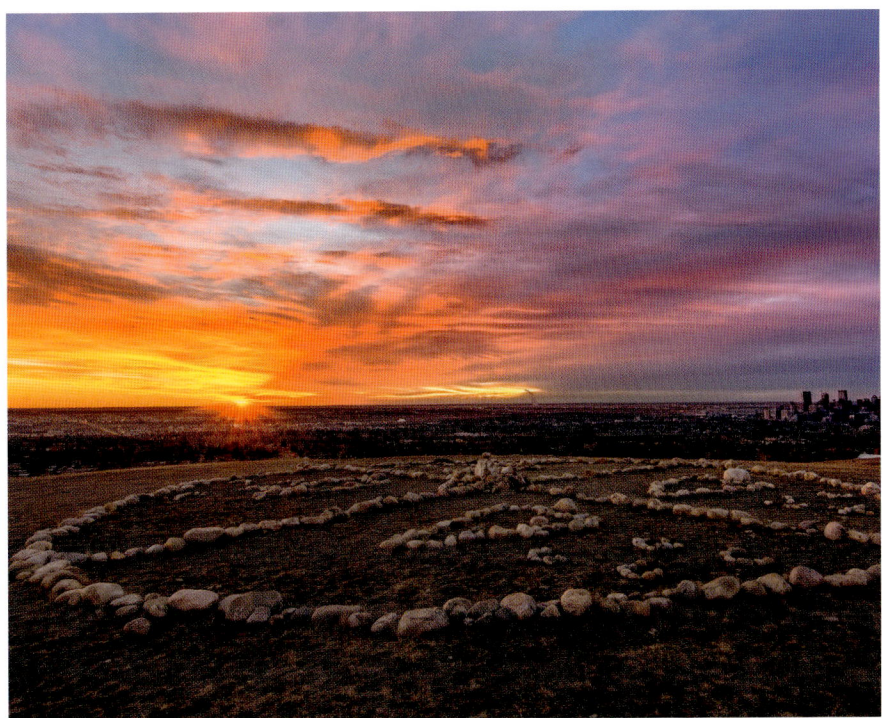

aktiv zu werden. Es ist dies der Ort der Schwangerschaft und Reifung, das macht den Westen zum Ort für das Weibliche. Somit ist das Männliche im Osten angesiedelt.

Jede Person hat Mutter und Vater, die Schöpfung besitzt zudem eine männliche und eine weibliche Seite. Wir sind die Enkelkinder der Sonne und der Erde. Wenn der Osten und das Männliche

zusammengehören, muss er auch unseren Großvater Sonne beherbergen. Unsere Großmutter Erde gehört in den weiblichen Westen. Die Erde ist die Heimat des Steinvolks, damit gehört es ebenfalls in den Westen.

Sonnenaufgang bedeutet helles Licht, die Farbe des Ostens ist Gelb. Zum Westen gehören Sonnenuntergang und Nacht, seine Farbe ist Schwarz.

## Norden und Süden

Sieht man sich die Welt genauer an, erkennt man, wie Norden und Süden des Rads gefüllt sind. Die Sonne wandert in der nördlichen Hemisphäre täglich in einer Kurve über den Süden zum Westen. Pflanzen gedeihen meist am besten an Orten, die nach Süden ausgerichtet sind, das verortet Pflanzen in den Süden.

Pflanzen brauchen wie wir Wasser zum Überleben. Wasser, Feuer und Erde sind in unserer Welt essenziell. Da Pflanzen dem Süden zugeordnet sind, gehört auch das Wasser dorthin. Andere Lebewesen brauchen Pflanzen, wie Tiere, die sich von ihnen ernähren. Ohne Pflanzen gäbe es kein Leben auf der Erde. Sie sind größtenteils grün, aber das Blut der Menschen und Tiere, die sich von ihnen ernähren, ist rot. Der Süden kann sowohl grün als auch rot sein. An nach Norden gelegenen Hängen ist es kühl, im Winter kommt mit den kalten Nordwinden der Schnee. Eis legt sich auf die dem Norden zugewandte Seite von Bäumen und Felsen, daher ist die Farbe des Nordens Weiß.

Das Volk der Pflanzen und das Volk der Menschen haben weitere Verwandte, das Volk der Tiere, die, wie wir alle, Luft zum Atmen brauchen. Wasser, Feuer und Erde haben bereits ihren Platz im Medizinrad, sodass Luft und damit die Tiere in den Norden gehören.

Das Medizinrad besteht also in seiner einfachen Form aus vier Elementen – Feuer, Wasser, Erde, Luft –, den vier Völkern der Welt – Pflanzen, Steine, Tiere und Menschen – und den Himmelsrichtungen mit den Farben Gelb, Rot, Schwarz und Weiß.

*In einigen Traditionen wird der Kojote – oder der Wolf – mit dem südlichen Abschnitt des Medizinrads assoziiert.*

## Westen:

Schwarz
Erde
Hält Energie
Körperliche Aspekte
Selbstwahrnehmung &
Erkenntnis

## Norden:

Weiss
Luft
Empfängt Energie
Geistige Aspekte
Weisheit & Logik
Tiere

## Süden:

Rot
Wasser
Gibt Energie
Emotionale Aspekte
Vertrauen & Unschuld
Pflanzen

## Osten:

Geld
Feuer
Bestimmt Energie
Spirituelle Aspekte
Erleuchtung

# EBENEN DES VERSTÄNDNISSES

Stellen Sie sich vor, Sie stünden im heiligen Zentrum des Medizinrads (siehe Seite 20). Erinnern Sie sich daran, wie die Urgroßeltern die Sonne und die Erde erschufen – diese Wesen, die für alle Zeiten weiterleben. Sehen Sie diese großartigen Wesen und ihre heilige Verbindung im Zentrum aller Dinge vor sich. Diese Verbindung wird für immer Bestand haben und die Welt in jedem Moment erneuern.

Wenn Sie nun die Welt um sich herum beobachten, bekommen Sie ein tieferes Verständnis für die Zusammenhänge. Sie sehen andere Menschen an und erkennen, dass auch sie Medizinräder sind. Der physikalische Körper ist der irdische Westen, der Geist ist der feurige Osten. Wenn Sie an Wasser und Luft auf dem Medizinrad denken, welcher Teil von Ihnen entspricht Wasser, welcher Luft?

Starke Gefühle lassen uns vor Trauer weinen oder vor Angst zu zittern. Gefühle können zu Eis werden und brauchen Wärme zum Auftauen. Gefühle können also dem Süden zugeordnet werden. Gedanken können sich überschlagen und wandern wie der Wind, sodass zur Luft der Norden gehört.

## Das ewige Selbst

Nicht nur das Medizinrad hat eine Mitte, wir auch. Darin befindet sich unsere wahre Identität. Wir sind nicht unsere Körper, die sich verändern, altern und sterben. Wir sind nicht unsere Gedanken und Gefühle, weil auch sie sich im Verlauf der Zeit verändern. Wir besitzen einen ewigen Teil – unsere Seele, die tiefe, wahre Person im Zentrum unseres Rads. Die Seele darf nicht mit dem Geist verwechselt werden, der im Osten zu Hause ist. Der Geist ist die Handlung, Persönlichkeit und Leidenschaft. Er lässt uns Dinge erschaffen, aber diese verändern sich und sterben irgendwann, um für Neues Platz zu machen. Die Seele ist anders, sie überdauert.

# EIN MEDIZINRAD ANFERTIGEN

Die symbolischen Kreise, die uns in vielen Kulturen begegnen, erinnern an die heiligen Kreise, die uns überall umgeben. Da sind die enormen Steinkreise im englischen Stonehenge, Medizinräder wie das Big Horn Wheel in den USA, die Sonnentanzstätte der amerikanischen Ureinwohner, wie den Lakota und Crow, und die kunstvollen Mandalas, die buddhistische Mönche in Tibet aus zermahlener Kreide und Stein anfertigen. Sie können sich einfach Ihre eigene Erinnerung an den heiligen Kreis aus einem Holzreifen bauen.

## Wie es gemacht wird

1 Suchen Sie sich an einem Baum zwei schlanke Zweige, jeder etwa 25–50 cm lang. Bitten Sie den Baum darum, sie abschneiden zu dürfen und lassen Sie ihm ein kleines Geschenk da.

2 Biegen Sie einen Zweig vorsichtig zu einem Kreis und binden die Enden fest zusammen.

3 Befeuchten Sie einen Lederstreifen und wickeln ihn um den Reifen. Lassen Sie 12–20 cm am Anfang frei.

4 Wenn Sie ihn einmal herumgebunden haben, knoten Sie die Enden des Lederstreifens zusammen und lassen sie wie Quasten herunterhängen.

5 Schneiden Sie den anderen Zweig in zwei gleich große Stücke und binden sie zu einem Kreuz. Legen Sie es in den Reifen als Kreuz der vier Richtungen. Schneiden Sie es passend zu und befestigen das Kreuz am richtigen Platz.

6 Schmücken Sie das Rad mit Federn, Fell, Perlen oder was Ihnen gefällt. Einfach oder schick – dies ist ein heiliger Kreis, der Ihren Platz auf dem heiligen Reifen widerspiegelt.

# ARBEIT MIT DEM MEDIZINRAD

Ein Medizinrad ist mehr als nur ein Symbol. Es ist ein heiliger
Ort und kann Ihnen als Altar für Ihre heilige Arbeit dienen.
Dazu eignet sich am besten ein Medizinrad aus Steinen. Ein
einfacher Steinkreis – ein Stein für jede Himmelsrichtung –
reicht aus, aber natürlich dürfen Sie auch die Kreislinie
legen, wenn Sie möchten.

## Wie es gemacht wird

1 Wählen Sie vier Steine aus und sprechen
mit ihnen, sagen Sie ihnen, was Sie
mit ihnen vorhaben. Geben Sie ein
Geschenk und legen den Kreis mit je
einem Stein für jede Richtung.

2 Benutzen Sie das Rad, um über Dinge
aus Ihrem Leben zu reflektieren.
Nehmen wir an, Sie hätten ein Problem
mit einem Freund. Setzen Sie sich zum
Stein des Südens und fragen sich: „Was
fühle ich?". Achten Sie darauf, was Ihnen
in den Sinn kommt, auf Ihre Emotionen
und körperlichen Empfindungen.
Schreiben Sie Ihre Gefühle ruhig auf.

3 Wenn Sie das Gefühl haben, im Süden
genug erfahren zu haben, wechseln Sie
im Uhrzeigersinn zum Norden. Dort
ist die Frage: „Welches sind die Fakten?"
Versuchen Sie, dabei Gefühle außen vor
zu lassen. Ist das zu schwierig, gehen
Sie zurück zum Süden und kehren erst
zurück, wenn Sie sich weit genug von
Ihren Gefühlen gelöst haben.

4 Sind Ihnen die Fakten klar, wechseln Sie
wiederum im Uhrzeigersinn, diesmal
zum Westen. Im Westen findet die
Reifung statt, hier können Sie verweilen
und von der Lösung des Problems
träumen.

„Ein Medizinrad
ist mehr als nur
ein Symbol, es
ist selbst ein
heiliger Ort."

Sie kennen die Fakten und Ihre Gefühle. Hier bekommen Sie intuitiv ein Gespür dafür, was nun zur Lösung erforderlich ist.

5 Wenn Sie wissen, was zu tun ist, gehen Sie im Uhrzeigersinn zum Osten und starten damit von diesem Ort des Feuers und der Aktion.

# DIE DREI WELTEN

Sie stehen in der Mitte eines Zirkels, die vier Richtungen sind um Sie,
aber es gibt auch noch den Himmel über Ihnen und die Erde unter Ihnen.
Menschen bewohnen eine mittlere Zone zwischen Ober- und Unterwelt.

Diese uralte schamanische Sichtweise, dass es drei Welten gibt, die übereinander gelagert sind, findet sich in zahlreichen Kulturen. Unsere Vorstellung von Himmel, Erde und Hölle in absteigender Reihenfolge ist ein Beispiel dafür. Schamanismus sieht den Himmel nicht als Paradies oder die Hölle als Ort der Qualen. Die drei Welten sind Regionen, in die Schamanen reisen.

## Der Weltenbaum

Häufig heißt es, dass die drei Welten durch einen Baum miteinander verbunden sind, dem Weltenbaum. In der nordischen Mythologie ist das die Esche Yggdrasil, die im Zentrum der Welt steht. Der Weg in andere Welten führt an ihrem Stamm hoch oder runter. Auch bei den Ureinwohnern

Nordamerikas gibt es den Weltenbaum. Beim Sonnentanz beispielsweise bewegen sich die Tänzer auf den Baum zu, der in der Mitte des heiligen Kreises steht.

In dem Buch *Schwarzer Hirsch – Ich rufe mein Volk* von John Neihardt erzählt der Medizinmann Nicholas Black Elk von einer Vision:

„… stand ich auf dem höchsten der Berge und rundherum zu meinen Füßen lag der Kreis der ganzen Welt … Ich sah, dass der Heilige Kreis meines Volks nur einer von vielen Kreisen war, die den großen Kreis bildeten … Und in der Mitte wuchs ein mächtiger blühender Baum und beschützte alle Kinder der einen Mutter und des einen Vaters. Und ich sah, dass es heilig war."

# ZWISCHEN DEN WELTEN

Schamanen reisen durch die drei Welten auf der
Suche nach Erleuchtung für sein Volk. Sie reisen, um zu erfahren,
wie jemand geheilt werden kann, um jemanden oder etwas zu suchen
oder um feindselige Geister zu bekämpfen.

Das können die Geister der Krankheit sein, die genau wie die körperlichen Symptome beachtet und behandelt werden müssen.
In einigen Kulturen kämpfen Schamanen gegeneinander, indem sie Krankheitsgeister schicken, um Zwietracht im Stamm zu säen. Die Menschen des Stamms werden krank und wenden sich an andere Schamanen, um gesund zu werden. Diese Methode ist nicht sehr verbreitet – kommt aber vor. Schamanen bereisen die Welten auch, um eine Person oder einen Gegenstand zu finden, der in der physischen Welt verloren ging oder um Informationen von den Geistern zu erhalten, beispielsweise wo Jagdtiere zu finden sind.

### Andere Welten betreten

Bevor sie sich auf den Weg in andere Welten machen, versetzen sich Schamanen oft mithilfe von Trommelschlag und Gesang in Trance.

In Teilen Sibiriens, der Mongolei und Nord- und Südamerika übernehmen diese Aufgabe psychoaktive Pflanzen. Anthropologen halten die Einnahme bewusstseinsverändernder Pflanzen für einen grundlegenden Aspekt authentischer schamanischer Tradition.

Die Verwendung dieser Pflanzen gilt als heilig und dient keinem „Trip" zum Vergnügen. Tatsächlich haben viele der Pflanzen – wie der Peyote-Kaktus und die südamerikanische Weinrebe, aus der das Getränk Ayahuasca gewonnen wird – unangenehme Nebeneffekte, wie Übergeben und Durchfall. Die Pflanzen sind spirituelle Hilfen, ihrem Geist gilt tiefer Respekt.

*Ein mongolischer Schamane hält seine Trommel hoch. Er ruft in der Abenddämmerung die Geister an.*

# DIE UNTERE WELT

Einige Schamane reisen nur in die untere Welt,
andere nur in die obere. Die Wahl ist individuell und
basiert auf der jeweils geltenden Tradition.

Die Reise in die Unterwelt führt am Stamm des Weltenbaums entlang nach unten, von da an durch sein Wurzelwerk. In einigen Traditionen gelangen die Geister der Schamanen in die untere Welt durch einen heiligen Tunnel oder eine andere Öffnung. Wie Alice im Wunderland fällt der Schamane bis in die untere Welt. Schwefel und Feuer, in denen Dämonen die Seelen der Verdammten foltern, liegen schamanischen Kulturen fern. Die meisten stellen sich die Unterwelt als lichtdurchtränkte Landschaft vor, in der Tiere wohnen, ähnlich unserer Welt. Regionale Lebensumstände haben Variationen dieses Bildes geprägt. So findet sich bei Menschen am Meer, wie den arktischen Inuit, die Vorstellung der Unterwelt als anders dimensionierte Tiefsee.

## Totemtiere

Für Schamanen ist die Unterwelt der
Ort der Krafttiere. Krafttiere – oder
Totemtiere – sind Geister ohne physische
Manifestation. Sie leben in ihrem Geist-
Reich, wo Schamanen sie besuchen,
wenn sie Informationen brauchen oder
sie um ihre persönliche Hilfe bitten. Die
Geisttiere stehen den Schamanen bei ihren
Reisen und Heilungen mit ihrem Wissen
bei. Meist haben Schamanen mehrere
tierische Geisthelfer, zu denen eine sehr
enge Bindung bestehen kann – in der
Unterwelt und zu ihren Entsprechungen
in dieser Welt. Auf den 36 Orakelkarten,
die zu diesem Buch gehören, sind Tiere
abgebildet, die seit vielen Jahrhunderten
schamanische Begleiter sind.

## Die Seele nach dem Tod

Einige Kulturen glauben, dass tief in der
Unterwelt das Land der Toten liegt. Dorthin
geht ein Teil der menschlichen Seele nach
dem Tod. Denn einer schamanischen Ansicht
zufolge besteht die Seele aus vier Teilen, die
sich nach dem Tod zu verschiedenen Zielen
aufmachen. Einige Teile bleiben auf dieser
Erde und kommunizieren mit der Familie
oder dem Stamm, sie gelten als Geister der
Vorfahren. Andere wechseln in das Land der
Toten. Wieder andere inkarnieren in einem
anderen Körper. Manchmal reisen Schamanen
in das Land der Toten, um Seelen von
Lebenden zu suchen, die dorthin verschleppt
wurden. Das ist Teil der Heilungsarbeit. Sie
fangen die Seele oder verhandeln mit ihr und
bringen sie in unsere
Welt zurück.

# DIE OBERE UND DIE MITTLERE WELT

Schamanen und Schamaninnen klettern einen Regenbogen in die obere Welt hinauf oder sie steigen in einer Rauchwolke auf oder ein riesiger Vogel trägt sie auf seinem Rücken hoch. Oder sie nehmen die Gestalt eines Tiers an und ihr Geist wird für die Dauer der Reise zu diesem Tier.

Gestaltwechsel ist ein häufiges Thema in Volkslegenden, wie die Geschichte vom Werwolf. In schamanischen Kulturen gibt es viele Erzählungen über Reisende, die Schamanen in Tiergestalt treffen.

## Mondkraft

Die obere Welt wird manchmal als Wolkenlandschaft beschrieben, manchmal besteht sie aus vielen Schichten. In einigen Kulturen ist die Zahl des Himmels Sieben. Bei uns findet man das in der Redewendung „im siebten Himmel sein". Schamanische Reisen führten auch zu den Sternen und den Planeten. Bei den Schamanen der Geistertanzbewegung des späten 19. Jahrhunderts, die in Trance fielen, hieß es auch, sie „gingen zum Mond". Manchmal kehrten sie aus der Trance zurück mit einem Gesteinsstückchen in der Hand. Sie schworen, Vorfahren, die auf dem Mond lebten, hätten es ihnen als Beweis ihrer Reise gegeben. Schamanen reisen normalerweise in die Oberwelt, wenn sie die Mächte dort – die Geister – um Informationen bitten. In der Oberwelt werden sie unterwiesen, zum Beispiel lernen sie Heilzeremonien.

## Eine Parallelwelt

Zwar findet unser Leben zwischen der schamanischen Ober- und der Unterwelt statt, aber wir leben nicht in der schamanischen mittleren Welt. Dies ist eine parallele Geistwelt, eine Schattenversion der unseren. Schamanen reisen dorthin, um verlorene Menschen oder Dinge zu suchen oder in Kriegszeiten andere Stämme auszukundschaften. Sie gehen dorthin, um mit dem Geist des

Landes oder eines Bergs oder eines Sees zu arbeiten. Dort gehen sie hin, um Kontakt mit den Geistern anderer Elemente der physischen Welt aufzunehmen, wie dem einer Trommel oder eines Gebäudes.

Ob natürlich oder von Menschenhand geschaffen, in dieser Welt hat alles einen Geist und kann in der mittleren Welt angetroffen werden.

# DIE HEILIGE REISE

Das Reisen zwischen den drei Welten ist die Hauptaufgabe
der Schamanen. Vor einer Zeremonie bereiten sie sich
mit Ritualen vor, wobei sie häufig von Helfern unterstützt werden.

**RÄUCHERUNG** Zunächst wird der
Schamane und alles, was in der Zeremonie
verwendet wird, mit dem süß duftenden
Rauch von Kräutern gereinigt. Räucherungen
sind weit verbreitet, welche Pflanzen dafür
genommen werden, hängt von der örtlichen
Umgebung ab. In nördlichen Ländern
wie Sibirien werden häufig Zedern oder
Wacholder verbrannt, in Nordamerika meist
Salbei oder Wüsten-Beifuß.

**ZEREMONIELLE GEWÄNDER**
Es gibt verschiedene Zeremonien, je
nach Kultur oder Anweisung der Geister.
Einige Traditionen verlangen das Tragen
spezieller Gewänder oder Masken.

**EIN HEILIGER ORT** Schamanen
bereiten häufig einen besonderen Ort vor,
an dem sie ihre Reise beginnen. Heilige
Kräuter werden oft dort verstreut, heilige
Gegenstände drumherum arrangiert.

**LIEDER UND ALTAR** Schamanen
singen oft Lieder für die Geister, die
sie selbst von Geistern oder anderen
schamanischen Personen gelernt haben.
Manchmal brauchen sie einen speziellen
Altar als heiligen Fokus.

**DIE SEELE VERLÄSST DEN
KÖRPER** Die Trommel versetzt die
Schamanen in Trance. In diesem Zustand
verlassen sie ihren Körper und reisen in
andere Welten.

**MIT DEN GEISTERN SPRECHEN**
Auf ihrer Reise treffen Schamanen heilige
Wesen, von denen sie Informationen
erhalten. Die Geister helfen, verlorene
Seelen oder ersehnte Gegenstände zu
finden. Auch bekommen sie Anleitungen
für neue Zeremonien oder magische
Gegenstände, die sie anfertigen sollen.

**DIE REISE DURCHLEBEN** Manche Schamanen liegen während der Reise, andere tanzen in Trance und stellen dar, was geschieht.

**RÜCKKEHR** Haben die Schamanen Antworten erhalten, danken sie den Geistern und kehren in ihre Körper zurück. Die Trommel schweigt, die Zeremonie ist vorüber. Sie erzählen, was auf der Reise geschehen ist, legen die heiligen Gegenstände fort und werden wieder zu einer ganz normalen Person.

*Ein Schamane bereitet sich in der Mongolei auf seine heilige Reise vor. In zeremonieller Kleidung und Maske sitzt er neben einem Haufen rauchenden Kräutern.*

# WERKZEUGE DES SCHAMANISMUS

In der Werkzeugtasche der Schamanen findet sich eine fantastische Bandbreite magischer Gegenstände. Einige sind kulturell bestimmt, andere entstammen Visionen oder Gesprächen mit Geistern. Werkzeuge verbinden die physische und die Geistwelt. Hier ist eine Trommel einfach ein Gebilde aus Holz und Tierhaut, dort ein wundersames Medium. Trommeln sind beliebt, weil sie sehr körperlich sind und damit eine Verbindung zur menschlichen Körperlichkeit darstellen.

Die magische Energie wird „Absicht" genannt. Darauf sind Herz, Körper, Verstand und Wille der Menschen fokussiert, wenn sie auf Herz, Körper, Verstand und Wille der Geister treffen. Werkzeuge helfen, während der Zeremonie auf die Absicht fixiert zu bleiben. Schamanismus ohne Werkzeuge ist möglich, Geist und Materie kombiniert verleihen Zeremonien jedoch Energie.

# MEDIZINKRAFT

Werkzeuge der Schamanen bestehen aus natürlichen Materialien
und besitzen daher eine Seele. Damit erhält die Absicht des Werkzeugs
andere Ausmaße. Ist der schamanische Helfer beispielsweise
ein Adler, werden Körperteile eines Adlers verwendet, um
den Adler-Geist in die Arbeit einzubeziehen.

## Qualität der Medizin

Allem Material, das für schamanische
Werkzeuge verwendet wird, ist eine
spezielle Kraft zu eigen, bei den
amerikanischen Ureinwohnern heißt sie
„Medizin". Das bedeutet nicht, dass das
Material tatsächlich für Heilung steht,
sondern bezieht sich auf seine
innere Qualität. Mit gleicher
Absicht erhalten Menschen
„Medizinnamen", die
sie beschreiben,
anstatt zu benennen. Der Name Sarah
Schmidt etwa sagt nichts über die Trägerin
aus, es sei denn, sie ist ein Schmied
oder königlicher Herkunft (Sara =
hebräisch für Prinzessin). Ein Name wie
Schattenwolf sagt da schon weit mehr
über die Eigenschaften seines Trägers
aus. Einen solchen Namen soll man sich
nicht aus romantischen Gründen geben.
Wenn er nicht die Person beschreibt, ist er
auch nichts anderes als das Etikett Sarah
Schmidt.

## Heilige Eigenschaften

Alles in der Welt besitzt
Medizin: eine innere
Qualität. Wird diese Medizin
in die Dinge übertragen, die wir
herstellen, gewinnt dieser heilige

Gegenstand an Stärke. Schamanische Werkzeuge sind stark mit Bedeutung und Symbolik aufgeladen. Der Adler ist ein mächtiger Vogel, er steht für klare Sicht, hohen Flug und Geist. Vielen gilt er als heilig, weil er höher fliegt, als das menschliche Auge erfassen kann, und daher vermutet wird, dass er bis in die obere Welt aufsteigt. Seit Zehntausenden von Jahren werden dem Adler diese Medizin-Eigenschaften zugeschrieben. Verwenden Schamanen Adlerfedern oder -knochen, dann als bewusste Verbindung zu den heiligen Attributen des Vogels.

# DIE SCHAMANISCHE TROMMEL

Die Trommel ist das „Pferd", auf dem Schamanen in die anderen Welten reiten, getragen von ihrem Klang. So zumindest beschreiben Schamanen in Sibirien ihre Trommel, die der weltweit verbreitetste heilige Gegenstand der schamanischen Kultur ist. Um sie zu bauen, wird Tierhaut über einen hölzernen Reifen gespannt. Sie leitet mit ihrem Trommeldonner schamanische Zeremonien ein.

## Gewachsenes Holz und Haut

Meist werden „Rahmentrommeln" verwendet aus Tierhaut, die fest über einen Reifen aus Holz gespannt wird, häufig über eine Seite. Andere Trommeln sind beidseitig bespannt.

Trommeln entstehen auf heilige Arten. Oft erhalten Schamanen im Traum die Anweisung, eine Trommel zu bauen, manchmal wird ihnen dabei gesagt, welche Tierhaut und welches Holz sie dafür verwenden sollen oder sogar, das Holz welchen Baums sie nehmen sollen. Häufig gibt es eine Verbindung zum Weltenbaum, so sind viele Trommeln aus Birke oder Esche, sodass sich Schamanen mit dem Holz identifizieren können, dessen Medizin in die Trommel übergeht. Da die schamanische Reise in andere Welten über den Weltenbaum erfolgt, ist ihnen das Holz der Trommel dabei eine Hilfe.

Die Haut für die Trommel stammt meist von Hirschen oder Wapitis, manchmal vom Pferd oder anderen Tieren. Die Tierhaare werden üblicherweise entfernt, eine weitere Behandlung findet nicht statt. Leder ist ungeeignet, da die Verarbeitung die Haut chemisch verändert. Trommelhaut ist Rohleder: Die Haut wird abzogen, gereinigt, enthaart und auf einen Rahmen gezogen.

## Magische Symbolik

Manche Trommeln sind schlicht, andere üppig dekoriert sein. Der Schmuck daran besitzt medizinische Bedeutung. So sind vielleicht alle drei Welten auf die Haut gemalt als Navigationshilfe auf schamanischen Reisen. Manchmal finden sich Darstellungen von Tieren darauf. In einer jagenden Gesellschaft könnte das ein Hirsch sein, mit dem sich der Schamane identifiziert und es in der Geistwelt lokalisiert.

Einseitig bespannte Trommeln haben meist einen Griff auf der Rückseite, mittig angebracht, um die Trommel jederzeit richtig auszubalancieren. Dieser Griff ist oft reich verziert: Er kann die Form eines Menschen haben oder die Darstellung des Schamanen sein, des Geistes der Trommel oder eines Geist-Helfers. Oft hat der Griff eine Kreuzform als Zeichen für die vier Richtungen.

An der Rückseite vieler Trommeln hängen magische Gegenstände: Glöckchen, kleine Lederbeutel mit Talismanen, Tierfiguren, manchmal auch Waffen für die schamanischen Reisen. Kleine Holz- oder Metallstücke sind oft so angebracht, dass sie beim Schlagen auf der Trommelhaut vibrieren und dabei einen schnarrenden Ton wie bei einer Snare Drum erzeugen.

## Trommelsegen

Ist eine Trommel fertig, wird sie gesegnet und in einer Zeremonie „erweckt", die ein Bekenntnis zu ihr darstellt. Die Trommel wird mit tierischem Fett, Blut oder Milch eingerieben. Bier, Wodka, Whisky oder Parfüm werden als Segen darüber gegossen oder gespuckt. Es folgen Gebete für die Trommel und das Hineinhalten in süßen Rauch. Danach ist sie vom bloßen Gegenstand aus Holz und Haut zu einem magischen, machtvollen Objekt geworden.

# DIE SCHAMANISCHE RASSEL

Das zweitwichtigste Werkzeug vieler Schamanen ist die Rassel. In der Mongolei und in Sibirien werden als Rasseln oft Trommelstöcke eingesetzt. Zu Zeiten der Sowjetunion wurde der Schamanismus unterdrückt, Trommeln wurden konfisziert und verbrannt. Die Menschen halfen sich mit einem rasselnden Trommelstock.

## Rasseln herstellen

Rasseln werden ähnlich wie Trommeln eingesetzt. Außer sie als Reisehilfen zu benutzen, rufen Schamanen mit ihnen Geister an und setzen sie beim Heilen ein. Auch sind sie häufig aus denselben Materialien gefertigt: Haut und Holz. Dickes Rohleder wird gedämpft und zu einem kleinen Ballon geformt, der beim Trocknen aushärtet und später den Rasselkopf bildet, in den Steine gefüllt werden. Ein hölzerner Griff wird in die Öffnung geschoben und befestigt. Andere Materialien sind Kürbisse, Tierhörner, Schildkrötenpanzer, Samenkapseln, Metall und geschnitztes Holz.

## Rasseln befüllen

Das Befüllen der Rassel ist eine heilige Handlung. Als Material dienen meist spezielle Steine. Einige nordamerikanische Stämme verwenden die winzigen Quarzsteinchen, die Ameisen aus ihren Nestern tragen. Sie gelten als ungemein heilig. Die Rasselfüllung besteht aus einer symbolischen Anzahl an Steinchen. Bei den Lakota gibt es 405 Geisthelfer, daher werden 405 Ameisensteinchen eingefüllt, um die Helfer zu feiern und mit ihnen zu kommunizieren.

Oft sind Rasseln bemalt und es hängen Anhänger an ihnen, an einigen Glöckchen oder Vogelschnäbel und Tierhaare. So wird aus ihnen ein mächtiges schamanisches Werkzeug, das nach dem Tod des Schamanen an seinen Nachfolger weitergegeben wird. Mit jeder Generation gewinnt die Rassel an Heiligkeit und Kraft.

*Eine schamanische Rassel des Tlingit-Stamms aus Holz und Vogelschnäbeln.*

# SCHAMANISCHE HEILUNG

Im Schamanismus ist Gesundheit spirituell. Krankheiten gelten als Ergebnis der Unstimmigkeit zwischen einer Person und der Welt oder zwischen Seele und Körper. So ist auch die schamanische Heilung spirituell.

Schamanen verwenden oft Pflanzen mit natürlichen Substanzen der Art, wie sie von Pharmaunternehmen künstlich hergestellt werden, wobei es der Geist der Pflanze ist, der heilt. Einige Schamanen fühlen sich bestimmten Pflanzen tief verbunden und setzen vorrangig sie zum Heilen ein, selbst wenn die Pflanze eigentlich nicht zur Krankheit passt. Durch Zeremonien und heilige Werkzeuge erbitten sie die Hilfe der Geister und verleihen Heiler und Patient die Absicht auf Heilung.

## Seelenverlust

Aus schamanischer Sicht ist der häufigste Grund für eine Erkrankung der „Verlust der Seele". In vielen schamanischen Kulturen besteht die Seele aus mehreren

*Eine spirituelle Frau verbrennt zu Beginn einer Heilzeremonie ein Salbei-Räucherbündel.*

Teilen, von denen sich einige vom Kern der Seele abspalten können. Durch den Verlust fallen die Personen in einen lethargischen, depressiven Zustand – ohne Lebenskraft, Feuer und Leidenschaft. Wer betroffen ist, schläft meist sehr viel und ist für Nahrung und Stimulanz unempfänglich. Die Person zieht sich vielleicht zurück und erlebt das Leben wie einen Traum, aus dem sie nicht aufwachen kann. Vielleicht ist ihr auch schwindlig oder sie ist benommen und entschlusslos.

## Eine westliche Epidemie

Einige Schamanen sind der Meinung, dass es in westlichen Gesellschaften epidemisch zum Verlust der Seele kommt. Spirituelles Aushungern, Isolierung von der Natur und institutionelle Machtlosigkeit angesichts beruflicher und sozialer Anforderungen lassen viele im Westen Teile ihrer Seele verlieren, um überleben zu können. Krankheiten und Einsamkeit treten im Westen häufig als Symptome dafür auf. Um als Kultur zu gesunden, ist die Rückbesinnung auf alte, schamanische Wege nötig.

## Der Flug der Seele

Seelenverlust hat viele Ursachen, dazu zählen Traumata, Schock oder Unfälle. Oder der Tod eines geliebten Menschen, wenn der Partner oder die Partnerin nicht allein zurückbleiben möchte. Oder emotionaler, körperlicher oder sexueller Missbrauch. Chemische Substanzen und Medikamente können Seele und Körper trennen, genau wie Schmerzmittel, von denen Schamanen oft sagen, sie seien das schlimmste Manko der westlichen Medizin. Die Seele oder Teile von ihr möchten einer Situation entfliehen, die sie nicht aushalten und so fliegt ein Teil an einen anderen Ort, häufig in die Unterwelt – wo die schamanische Suche beginnt.

## Rückführung der Seele

Hat der Schamane den Teil der Seele gefunden, fängt er ihn ein oder verhandelt über die Rückführung in den Körper. Es kommt vor, dass der Körper spirituell zu schwach ist, um die Seele zu halten, vor allem, wenn der Verlust groß ist oder schon

lange dauert. In dem Fall kann es nötig sein, vorab eine Zeremonie durchzuführen und dem Patienten ausreichend spirituelle Energie zuzuführen.

## Eindringlinge

Der andere Hauptgrund für eine Erkrankung ist das Eindringen einer anderen Geist-Energie in die des Opfers. Ist der Geist einer Person aufgrund von Seelenverlust geschwächt, kann der Geist eines anderen Wesens die Lücke in ihrem Körper ausfüllen. Das geschieht so bei einer Besessenheit. Der eingedrungene Geist könnte der Geist einer Krankheit sein. Wie alles auf der Welt besitzen auch Krankheiten einen Geist, der von einem Körper Besitz ergreifen kann. Besonders, wenn jemand durch Seelenverlust bereits unvollständig ist.

## Zerbrochene Beziehungen

In schamanischen Gemeinschaften führt auch der Bruch in der Beziehung zwischen der Person und der Natur zu Krankheiten. Wen es trifft, war vielleicht respektlos bei der Jagd oder hat heiliges Land betreten, ohne die zeremoniellen Vorschriften zu beachten. So gilt die Erkrankung als Eindringen mächtiger Naturgeister oder Raub der

*In vielen Heilprozessen werden heilige Objekte eingesetzt.*

Seele des betroffenen Menschen durch diese Geister. In diesen Fällen agieren Schamanen als Vermittler zwischen dem Geist und der kranken Person, um das Verhältnis wiederherzustellen.

## Energiepfeile

In einigen Kulturen werden dunklere Formen des Schamanismus praktiziert. Dort werden mithilfe von Zauberei magische Energiepfeile auf Feinde geschleudert. Die Pfeile dringen in den Energiekörper des Opfers ein und verursachen Krankheit, Beeinträchtigung und sogar Tod. Sie werden als eine Art Eindringling betrachtet und von Schamanen behandelt.

## Aussaugen

Der Eindringling soll vertrieben werden, häufig mithilfe des „Aussaugens". Der Schamane bündelt seine Absicht und saugt den Eindringling durch den Mund der befallenen Person in den eigenen Mund. Dann wird der Eindringling ausgespuckt, ein sicherer Weg aus dem Körper des Schamanen. Diese Heilmethode birgt Gefahren. Schamanen, die sie anwenden, müssen absolut entschlossen sein, den Eindringling loszuwerden, sonst kann die Krankheit auf sie übergehen.

# DIE WERKZEUGE DES HEILENS

Das schamanische Heilen ist eine Kunst. Rituale, Zeremonien,
medizinische Kenntnisse und kreative Fertigkeit gehören dazu. Speziell
Kreativität ist gefragt für Visionen und die Herstellung von Dingen, die
für die Diagnose und Behandlung gebraucht werden.

In schamanischen Kulturen überall auf der Welt werden Schamanen heilende Objekte hergestellt. Außer Trommeln und Rasseln gibt es Pfeifen, Maultrommeln, Glöckchen und Geigen. Weitere Heilmittel sind Masken, Zeichnungen, Körperkunst, Kostüme, Puppen, Talismane und magische Fetische, Zauberstäbe, Schutzbündel, heilige Tabakspfeifen, Geistfänger, geschnitzte Saugröhren, Fächer aus einer einzigen Feder oder komplette Vogelschwingen. Die Gestaltung von Altären und heiligen Stätten entspricht modernen Kunstinstallationen.

### Einsatz der heiligen Werkzeuge

Schamanen verwenden Werkzeuge auf verschiedene Arten: Um die Krankheit zu erkennen, um die Geister anzurufen oder eine verlorene Seele zu finden, Eindringlinge zu vertreiben oder um das schiefe Verhältnis zwischen der kranken Person und der Welt zu heilen.

### Pendeln und entfernen

Eine schamanische Art der Diagnose ist das Pendeln mit einer Rassel oder Feder, um herauszufinden, an welcher Stelle die Energie vom Eindringling durchbrochen wurde. Mit einer Saugröhre aus Knochen, einer Adlerkralle oder einigen Federn, die der Schamane wie eine Hand hält. Diese Instrumente dringen tief in den Patienten hinein, um seine Krankheit herauszuholen.

*Viele Stämme der amerikanischen Ureinwohner verwenden Traumfänger, um sich vor Albträumen zu schützen.*

# DIE ANRUFUNG DER GEISTER

Geister sind überall und Schamanen stehen mittendrin in dieser Fülle heiligen Lebens. Sie nehmen auf vielerlei Arten Kontakt mit ihnen auf und reden mit ihnen.

## Der Weg zu den Geistern

Schamanen beten für die Hilfe bestimmter Geister, etwa den heiligen Vorfahren, denen sie Tabak oder Essen anbieten. Sie singen uralte Anrufungslieder, trommeln oder rasseln, um die Geister dazu zu verlocken, zu erscheinen. Sie bieten dem Wind süß duftenden Rauch an oder binden Wimpel an Bäume oder Felsen. Sie führen geistrufende Zeremonien durch, wie die schamanische Séance der Lakota Yuwipi. Sie hungern und dursten oder verzichten isoliert von anderen auf Schlaf, um sich auf Visionen und Kommunikation mit Geistern vorzubereiten. Oder sie tanzen tagelang, bis die Grenze zwischen dieser und der Geistwelt verwischt. Oder sie nehmen psychoaktive Pflanzen in kontrollierten Zeremonien zu sich, mit denen sie ihr Bewusstsein in die Geistwelt versetzen.

### GEISTER ANRUFEN

- Gebete und Geschenke
- Überlieferte Anrufungslieder
- Räucherung für die Winde
- Wimpel an Bäume und Felsen
- Spielen von Instrumenten wie Trommeln, Rasseln, Glöckchen oder andere
- Zeremonien wie Séancen
- Fasten und Schlafverzicht, häufig in Isolation
- Ununterbrochenes Tanzen über einen langen Zeitraum
- Rituelle Einnahme psychotroper Pflanzen

*Auf der Insel Olchon im Baikalsee, Sibirien, binden Einheimische Stoffstreifen in leuchtenden Farben an Pfähle, um die Geister anzurufen.*

# IM GESPRÄCH MIT DEN GEISTERN

Schamanen beten viel. Wenn etwas Gutes geschieht, sagen sie
„Danke, Großvater". Sie sprechen mit den Vorfahren. Sie reden mit
Tiergeistern und anderen Geistern, mit denen sie arbeiten. So beten sie
– auf direktere Art, als die Hände zu falten und die Augen zu schließen,
wie es viele von uns gelernt haben.

## Ein Gebet für uns selbst

Sprechen Sie jeden Tag mit den Geistern.
Wenn Sie möchten, zu festen Uhrzeiten,
das ist aber nicht nötig. Sprechen Sie auf
Ihre Weise mit ihnen. Wenn Sie nicht
wissen, was Sie sagen sollen, teilen Sie
ihnen das mit. Nennen Sie Ihren Namen
und sagen Sie, dass Sie froh sind, am
Leben zu sein. Es gibt immer etwas, wofür
wir dankbar sein können: die Sehkraft,
das Hörvermögen, der Tastsinn, das Essen
am Vortag oder die Luft, die wir atmen.
Finden Sie Ihre Stimme und benutzen
Sie sie, so gut Sie können. Öffnen Sie den
Mund und sprechen Sie laut.

Haben Sie Schmerzen, erwähnen Sie
das. Sagen Sie, was Ihnen weh tut und
danken den Geistern für alles, was
nicht schmerzt. Wenn Sie mutig sind,
danken Sie den Geistern für den Schmerz,
durch den Sie lernen und fühlen, dass Sie
lebendig sind.

# EIN GEBET

Dies ist nur eine Möglichkeit, zu beten. Wandeln
Sie den Ablauf für sich passend ab.

— — — — — — — — — — — — — — —

1 Beginnen Sie den Tag mit einem Dankgebet. Zünden
   Sie auf Ihrem Altartisch eine Kerze an. Nehmen Sie eine
   Feder und heben die Hand zum Großvater Schöpfer,
   sagen Sie „Danke" für die Segnungen des Tages.

2 Senken Sie die Hand zu Großmutter Erde, aus der alles
   entstammt und danken für das, was Sie haben.

3 Wenden Sie sich in alle vier Richtungen, ehren die
   Mächte, die darin wohnen und danken für ihre Hilfe.

4 Danken Sie den schützenden Geistern des Landes
   und jedem Gott, jeder Göttin, die mit dem Ort in
   Verbindung steht, an dem Sie wohnen.

5 Danken Sie dem Tiervolk, dem Pflanzenvolk und dem
   Steinvolk, die mit ihnen dort leben.

6 Sagen Sie unbedingt „diejenigen von euch, die mich
   lieben" zu allen Geistmächten, die Sie anrufen. Denn
   genau wie auch sonst in unserem Alltag ist Ihnen auch
   nicht jeder Geist wohlgesonnen.

# ABSICHT, OBJEKTE UND MAGIE

Es ist eine weitverbreitete Tradition, während einer
Zeremonie alle eigenen zeremoniellen Objekte auf
einen Altar vor sich oder hinter sich zu stellen.

Schamanen kündigen durch das Errichten eines heiligen Orts den Geistern und ihrer Umgebung an, dass heilige Handlungen geschehen werden. Sie verkünden, dass sie die alltägliche Welt verlassen, um in eine größere einzutreten.

## Fernheilung

Es kommt vor, dass ein Schamane jemanden heilen und schützen möchte, der weit entfernt von seinen Lieben, die um die Zeremonie bitten, erkrankt ist. In solchen Fällen kann eine Puppe auf einem speziellen Altar die Person repräsentieren. Zur Verstärkung der Absicht kann die Puppe Kleidung der kranken Person tragen oder eine Haarsträhne oder etwas von ihr halten.

Die Puppe soll zum Patienten werden, damit die Heilung, die an ihr vollzogen wird, sich auf die Person überträgt. Dieses Anliegen wird auch den Geistern deutlich mitgeteilt, damit sie den Zweck der Zeremonie verstehen.

## Gefahren abwehren

Wird die kranke Person bedroht, kann die Puppe auf ein Bett aus schützenden Kräutern in die Mitte des Altars gelegt oder in ein rotes Tuch (Schutzfarbe) gewickelt werden, drumherum Talismane zur Bannung von Gefahr oder schützende Substanzen wie Salz. Ein Kreis aus Spiegeln mit der reflektierenden Seite nach außen wehrt böse Absichten ab. So verbindet sich positive Absicht mit magischer Sprache, um in klaren, starken Worten mit den Geistern zu sprechen.

*Ein Schamane des Mah Meri-Volks führt vor seinem Altar auf Carey Island, Selangor, Malaysia, eine Zeremonie durch.*

## Magische Objekte

Die Absicht, obwohl zum Altar gehörend, ist von derselben Energie, die jedem magischen Objekt innewohnt, etwa einem Talisman. Ein Talisman kann im Grunde als winziger, tragbarer Altar angesehen werden. Ob eine Münze mit dem Heiligen St. Christopherus darauf oder eine Hasenpfote – die Absicht ist so klar wie ihre Botschaft an den Geist. Wenn ein Objekt spirituelle Absicht besitzt, ist das hilfreich für eine Verbindung der materiellen mit der Geist-Welt.

Oft zeigen im Schamanismus solche Objekte eine sorgsam herausgearbeitete Bedeutung. Sie werden aus heiligen Materialien hergestellt, haben eine reiche spirituelle Sprache und Relevanz und können zu ganzen Geschichten von Absichten werden, anstatt nur Zeichen für die Geister zu sein. Sie können Talismane für die Jagd, für Krieg, für Fruchtbarkeit, für sichere Reisen, persönlichen Schutz, Hilfe beim Heilen oder Wahrsagen sein oder Menschen mit ihren tierischen Geisthelfern verbinden.

Solche Talismane werden „Bündel" genannt, weil sie aus mehreren Objekten bestehen, die durch Stoff oder Leder zusammengebunden werden. Ein anderer Name ist „Medizinbeutel", weil sie Medizin – oder Geist – in einem Beutel sind.

## Medizinbündel

Ein Bündel enthält Absicht. Im privaten Medizinbeutel eines Schamanen finden sich Dinge, die sein Wesen widerspiegeln. Das Erinnern an den Kern des Trägers verstärkt die schamanische Absicht. Im Beutel können sich Teile des Schamanen wie Haare und abgeschnittene Nägel befinden, damit der Beutel wirklich zu einem Teil des Schamanen wird. Auch finden sich darin tierische Teile, die dem Träger heilig sind, beispielsweise Fell, Federn oder Krallen oder Erinnerungen an Geistmächte, mit denen der Schamane arbeitet, wie die Farben der vier Richtungen oder ein kleines Medizinrad. Ist es der Beutel von jemandem, der jagt, sind vielleicht Mini-Waffen darin oder winzige Fetische, die Beutetiere repräsentieren. Künstlerische Personen stecken vielleicht etwas hinein, das für ihre Kunst steht. Auch sind darin Dinge mit schützenden Eigenschaften und Erinnerungen an die Familie und das Volk, um zu zeigen, zu wem der Eigentümer gehört.

*Eine Schamanin hält ihre „Mesa". Die Mesa ist ein tragbares Medizinbündel oder ein tragbarer Altar für Heilung, Zeremonien, Gebete und das Wahrsagen.*

# DIE REICHEN GESCHENKE DES PFLANZENVOLKS

Menschen auf der ganzen Welt lieben Grün, die
Farbe der Pflanzen. Pflanzen wachsen fast überall –
ob es heiß oder kalt ist, nass oder trocken. Eine Pflanze
findet einen Weg, wie sie überlebt und sogar gedeiht.

## Geschenkegeber

Pflanzen sind die ersten heiligen
Geschenkegeber. Sie geben den Tieren, die
sie fressen. Tiere werden wiederum von
Menschen gejagt. Ohne Pflanzen gäbe es
keine Jagd. Pflanzen ernähren Menschen
auch direkt, von ihnen erhalten wir
Medizin, Farben, Duft, Fasern für Textilien
und Stricke und Holz für Werkzeuge und
zum Bauen.

## Räucherung

Schamanen verwenden Pflanzen auf
viele Arten. Die direkteste ist wohl das
Räuchern. Rauch, der aus verzierten
Metallbehältern, Muscheln oder
Keramikschalen aufsteigt, findet seinen
Weg zum Geist und berührt den Heiligen
mit seinem wunderbaren Duft.

## Reinigende und süße Kräuter

Reinigende Kräuter werden verbrannt, um
ungewollte Geister und zurückgebliebene
Energie zu vertreiben. Der Rauch „wäscht"
zeremonielle Orte, Gegenstände und
teilnehmende Personen, Geschenke und
rituelle Nahrung. Er bereitet den Ort vor
und versetzt die Menschen in die richtige
Verfassung für die heilige Handlung.
Andere Kräuter sind Gaben zur Anrufung
der Geister. Sie riechen generell süßer als
die etwas herben reinigenden Kräuter.

Die Liste aromatischer Kräuter für
das Räuchern ist schier endlos. Wo
das Wachstumsgebiet des einen endet
– etwa aufgrund der klimatischen
Umstände –, gedeiht ein gleichwertiges
Kraut. Im Folgenden sind einige

*Weiße Salbeibündel zum Räuchern*

der am meistverbreiteten süßen und Reinigungskräuter aufgeführt:

**REINIGUNG:** Salbei, Rosmarin, Zeder, Wacholder, Wermut und Lavendel
**SÜß:** Tabak, Waldmeister, Weihrauch, Kopal, Süßgras und Beifuß

# DEN EIGENEN PFAD GEHEN

Natürlich wird niemand zum Schamanen nur durch die Lektüre dieses Buches. Aber die hier beschriebenen Wege zum Verständnis kann Ihrem Leben auf dieser Erde Schönheit und Weisheit verleihen.

Anfangs werden Sie vermutlich andere imitieren. Vielleicht fühlen Sie sich zu einer bestimmten Kultur hingezogen, den amerikanischen Ureinwohnern, Aborigines oder anderen. Möglicherweise gehören Sie nicht zu dieser Kultur, aber Sie können von ihr lernen.

Sie sind kein Tibeter, nicht aus dem Lakota-Volk oder aus Sibirien. Sie sind einfach eine Person, die lernt, ein wahrer Mensch zu sein. Auf Ihrem Pfad dahin sprechen die Geister mit Ihnen und allmählich wird aus der Imitation anderer der Ausdruck Ihres ganz persönlichen Verhältnisses zum Heiligen.

# RÄUCHERUNG

Sich und das Zuhause zu räuchern hilft, die Absicht, dem schamanischen Weg zu folgen, zu festigen. Räuchern von Kräutern ist leicht. Sie kaufen fertige Bündel oder – besser noch – suchen die Kräuter selbst.

## Die Kräuter benutzen

Grundvoraussetzung für das Sammeln und Räuchern von Kräutern ist der Respekt dabei. Die Suche nach dem Heiligen kann für die Umwelt schweren Schaden bedeuten. Süßgras beispielsweise ist wie Schilfrohr und wächst sehr langsam. In den letzten Jahren wurde es in einigen Gebieten der USA übererntet, das führt zu Verlust natürlicher Vorkommen.

Sie können Ihr Zuhause und Ihre liebsten Gegenstände täglich räuchern, ebenso Ihre Lieben und sich selbst. Es empfiehlt sich, vor einem Heilritual oder einer Zeremonie Kräuter zu verbrennen. Innerhalb kurzer Zeit werden Sie merken, dass Sie für sich aus diesem Ritual ein großes Gefühl für das Heilige für sich herausziehen, während die alten Wege ihre einfache Magie weben.

# WIE GERÄUCHERT WIRD

1  Verbrennen Sie bei sich die Kräuter in einer
   Muschel oder einer Keramikschale. Einige Kulturen
   verwenden keine Muscheln, weil sie es dem Meer
   gegenüber respektlos finden. Andere finden es gut,
   der Zeremonie das Element Wasser hinzuzufügen.

2  Überprüfen Sie, dass die Brennschale feuerfest ist,
   das Räucherwerk kann große Hitze entwickeln.

3  Halten Sie ein Fenster geöffnet, damit entfliehen
   kann, was das Räucherbündel hinaustreibt.

4  Pusten Sie nie in die Glut! Wedeln Sie mit einem
   Fächer aus Papier oder Vogelfedern darüber.

5  Lassen Sie den Rauch sich frei verteilen, aber
   respektieren Sie andere Personen, die durch den
   Geruch einen Schreck bekommen könnten.

6  Verteilen Sie den süßen Rauch über Ihren Körper
   und über Ihre Lieben bis Sie vom Rauch umhüllt
   sind. Waschen Sie Ihre Arme und Hände darin.

„Wenn wir den Berg hinabstürzen, müssen wir die Gelegenheit nutzen und die Aussicht bewundern. Deshalb muss alles, was uns die Sicht versperrt, aus dem Weg geräumt werden."

# DIE VERGANGENHEIT HEILEN

Sie sind in diesem Moment hier, das heißt, dass Sie die Vergangenheit überlebt haben. Stürzen wir einen Berg hinab, lassen Sie uns die Aussicht bewundern. Dafür muss alles, was uns die Sicht versperrt, weggeräumt sein.

## Die Angst abwerfen

Wer und als erstes die Sicht versperrt, ist die Angst. Angst ist es, die Menschen abhält, von der Vergangenheit in die Gegenwart zu treten. Wir haben Angst, weil unsere Erfahrungen uns etwas über die Welt erzählen. Das projizieren wir auf die Zukunft, überzeugt, dass alles noch einmal geschehen wird. Wir leben nicht im wahren Jetzt, wir leben im Schatten einer imaginären Zukunft.

Unsere Sicht auf die Welt ist wie ein Ruf, den wir aussenden. Wir rufen, was wir fürchten, damit es kommt und uns Angst macht. Dadurch wird unsere Welt vorhersehbarer und scheinbar sicherer (selbst, wenn unsere Ängste sie unbequem machen). Zeremonien können Ängste und Verletzungen verscheuchen, Geister und Psychotherapie kombiniert zu einem machtvollen Heilmittel.

*Die Orakelkarten helfen, sich seinen Ängsten zu stellen (siehe Seiten 90–93).*

# EINE HEILENDE ZEREMONIE

Diese Zeremonie verleiht Ihnen die Absicht, die Sie brauchen,
um die Verbindung zu Ihrer schmerzvollen Vergangenheit zu
kappen. Manchmal muss sie viele Male durchgeführt werden.

1 Bitten Sie eine Freundin oder einen Freund, Ihr Anker, Zeuge und Bodyguard zu sein. Geben Sie ihr oder ihm etwas, das wie ein Schwert geführt werden kann, wie eine lange, gerade, starke Feder.

2 Legen Sie aus Salz oder Salbei einen Kreis, in dem Sie stehen können und legen ihn mit rotem Tuch aus.

3 Räuchern Sie die Freundin oder den Freund, sich selbst, den Raum, das Schwert und den Kreis. Rufen Sie die Mächte, die Sie lieben, laut an, damit sie kommen und helfen und die Heilung miterleben. Treten Sie in den Kreis.

4 Der Kreis ist nun ein heiliger Ort jenseits der normalen Welt. Von dort rufen Sie diejenigen, die Ihnen früher wehgetan haben. Lassen Sie sie vor Ihrem geistigen Auge erscheinen, außerhalb des Kreises.

5 Sie können jeden rufen, lebendig oder tot. Danken Sie Ihnen herzlich für das, was Sie durch sie gelernt haben, Schönes und Unschönes. Aber nur, soweit Sie es aufrichtig schaffen. Sprechen Sie nicht einfach nur Worte.

6 Sehen Sie sich selbst und die Gerufenen als Tänzer im großen Tanz des Lebens. Versuchen Sie, den gemeinsamen Tanz nicht zu bewerten, sehen Sie ihn einfach nur als Tanz.

7 Wenn Sie ihnen alles gesagt haben, was Sie dieses Mal sagen mussten, lassen Sie sie gehen. Stellen Sie sich vor, Sie sind an den Bäuchen mit einer Schnur verbunden. Dies ist die Schnur der Absicht, die Sie verbindet

und die gelöst werden muss. Ihre Freundin oder Ihr Freund neben dem Kreis hält das Schwert dafür.

**8** Danken Sie dem Geist Ihrer Vergangenheit mit den Worten: „Ich entlasse dich ohne Vorwürfe." Dabei muss die Freundin oder der Freund die Schnur mit voller Absicht mit dem Schwert zerschneiden.

**9** Jetzt bannen Sie den Geist mit den Worten: „Danke und jetzt banne ich dich von diesem Ort." Sagen Sie den Satz dreimal.

**10** Wenn das vollbracht ist, danken Sie den Mächten, die Sie hinzuriefen. Reinigen Sie das Schwert und den Raum mit Räucherwerk, entfernen den Kreis und entsorgen vorsichtig das Salz oder den Salbei. Geben Sie Ihrer Hilfe ein Geschenk, dann gehen Sie allein hinaus für ein stilles Dankgebet, und schenken Sie dem Land etwas, Tabak, Milch, Schokolade oder ähnliches.

# HEILUNG MIT DEN ELEMENTEN

Krankheit ist Leiden und wenn wir leiden, fühlen
wir uns mit uns selbst unwohl. Der erste Schritt der schamanischen
Heilung ist die Wiederherstellung der inneren Harmonie. Dafür
wird sowohl Geist als auch Körper behandelt und lässt die
Verwandtschaft aus der Welt der Natur helfen.

### Sagen Sie es der Erde

Haben Sie Verdauungsstörungen, fragen Sie
sich, was es in Ihrem Leben gibt, das Sie nicht
verdauen können. Gehen Sie in die Natur,
suchen sich einen ruhigen Platz und graben

dort ein Loch. Legen Sie sich auf den Boden
und sprechen Sie alles, was Ihnen an Ihrem
Leben nicht gefällt, in das Loch. Schreiben
Sie, schluchzen Sie, husten, erbrechen oder
stöhnen Sie in das Loch. Es wird alles ohne

Wertung aufnehmen. Sind Sie fertig, danken Sie der Erde, füllen das Loch und pflanzen dort einen Samen ein, damit aus all Ihren Gefühlen, die Sie dem Loch anvertraut haben, eine Pflanze wachsen kann.

## Wasser, Feuer und Luft

Sie können stattdessen auch zu einem Fluss mit starker Strömung gehen, wenn möglich, in den Bergen. Legen Sie sich auf eine Brücke oder einen flachen Stein und halten Sie Ihren Kopf über das Wasser, das unter Ihnen fließt. Auch Feuer kann Ihnen helfen, Ihren Schmerz loszuwerden. Bauen Sie eine heilige Feuerstelle und beten dabei zu den Feuergeistern. Schreiben Sie Ihren Schmerz auf ein Stück Papier, räuchern es und übergeben es dem Feuer. Oder Sie vertrauen Ihre Sorgen der Luft an. Gehen Sie zu einem hochgelegenen Ort, an dem es sehr windig ist. Lassen Sie den Wind Ihre Stimme, Ihre Tränen und Ihren Schmerz mit sich forttragen.

## Danke sagen

Unabhängig davon, welche Methode zur Schmerzlinderung Sie wählen, denken Sie immer daran, dass Erde, Wasser, Feuer und Luft lebende Wesen sind, die Ihnen helfen möchten. Danken Sie den Geistern jedes Mal und hinterlassen Sie Geschenke, wenn Sie fertig sind.

*Heilung durch die heiligen Elemente Erde, Wasser, Feuer und Luft.*

# ANDERE MENSCHEN HEILEN

Schamanen machen weit mehr, als nach der richtigen Kur für kranke
Menschen zu suchen. Sie diagnostizieren und behandeln, die
Verantwortung für die Heilung liegt bei der betroffenen Person selbst.

## Ausgleich des Energieflusses

Oft reinigen Schamanen das feinstoffliche
Energiefeld des Patienten mit einer Feder.
Nach dem Räuchern säubern sie mit
einem Fächer oder manchmal sogar einem
ganzen Vogelflügel die Energie der Person
und lösen blockierte Energie, entfernen an
anderen Stellen ein Zuviel an Energie. Die
Feder wird zum Werkzeug der Absicht
des Schamanen, die ihre Wahrnehmung
tief in ihre Patienten versenken. Anstatt
Feder kann auch eine Rassel verwendet
werden. Halten Sie sie über die erkrankte
Person und schütteln die Rassel. Spüren
Sie die Bewegung der Rassel und dadurch
die Energie des Patienten. Rasseln eignen
sich ausgesprochen gut dafür, weswegen
sie unter schamanischen Menschen als
Diagnoseinstrument sehr beliebt sind.

## Energiefelder freimachen

1  Sie brauchen eine große Feder oder
   mehr. Binden Sie zu Ihrem Schutz
   ein rotes Band um die Federkiele.
2  Räuchern Sie sich, den Patienten und
   die Federn.
3  Ziehen Sie die Federn über den
   Körper des Erkrankten und spüren
   dabei dessen Energie nach.
4  Hier und da kann der Körper Signale
   senden, dass er an einer Stelle mehr
   Aufmerksamkeit braucht. Dann
   tippen Sie mit der Feder sanft auf
   diese Stellen, um die Energie zu
   befreien. Folgen Sie Ihrer Intuition.
5  Arbeiten Sie systematisch den
   Körper ab, bis Sie fühlen, dass Sie
   jede Störung des Energieflusses im
   kranken Menschen behoben haben.
6  Lassen Sie den Patienten ruhen.

*Ein Schamane aus dem Amazonasgebiet in Ecuador bei einer Heilzeremonie.*

# SCHAMANISCHES BEWUSSTSEIN

Ihr schamanisches Bewusstsein ist wie ein inneres Auge, durch das Sie die Welt auf andere Weise sehen. Sie ist wie ein Gefühl tiefen Wissens oder der Erkenntnis über Gleichgewicht und Ungleichgewicht einer Situation.

## Wege zur Bewusstwerdung

Ihr schamanisches Bewusstsein entwickelt sich durch Übung und Erfahrung. Es hilft, sich durch Zeremonien oder an heiligen Orten in heilige Situationen zu versetzen, schamanische Rituale zu vollziehen und sich auf die eigene Medizin zu konzentrieren.

Eine andere gute Übung ist ein Abstecher in die Wildnis, in dem Bewusstsein, es für einen heiligen Zweck zu tun. An diesen Orten können Sie ganz Sie selbst sein und mit der Welt in Ruhe und ohne Störungen kommunizieren. Nähern Sie sich wilden Orten mit körperlichem, aber auch mit heiligem Respekt und meiden Sie Situationen, die Sie überfordern. Das Land ist ein großartiger Lehrer, aber es kann seine Freundlichkeit verlieren, wenn Sie leichtsinnig Risiken eingehen.

## Wahrnehmung im Alltag

Alles in unserer Welt lebt und steht in Beziehung mit Ihnen. So können Sie an jedem Ort, an dem Sie sind, die Welt von einem heiligen Standpunkt aus betrachten. Wenn Sie eine Straße entlanggehen, versuchen Sie, die Energie zu spüren. Oder wenn Sie im Park sind – das Land ist immer lebendig, auch wenn viele andere Menschen darauf sind. Seien Sie aber nicht verbissen. Gehen Sie einfach leichten Schrittes und achten auf die Energie, die Sie normalerweise ignorieren.

### DIE WAHRNEHMUNG SCHÄRFEN

- Bauen und pflegen Sie Schreine und Altäre.
- Führen Sie Rituale durch zum Schutz Ihres heiligen Orts.
- Verbrennen Sie Räucherwerk.
- Nehmen Sie an Zeremonien teil.

# DIE ARBEIT MIT TIERGEISTERN

Die Beziehung zu Tiergeistern gehört zu den ältesten Elementen des Schamanismus. Viele Schamaninnen und Schamanen haben tierische Helfer, von denen sie unterrichtet, beschützt und angeleitet werden. Ihr Verhältnis zueinander ist ausschlaggebend für die Durchführung heiliger Handlungen.

## Tierische Helfer

In einigen schamanischen Traditionen steht jedem Menschen ein tierischer Helfer zur Seite, ohne den niemand überleben kann. Wenn Sie Ihren nicht spüren, sind Sie auf bewusster Ebene nicht mit ihm in Kontakt. Einige haben Tiergeister wie Fuchs, Wolf oder Bär. Andere haben sanftere Begleiter: Kaninchen, Hirsch oder Wapiti. Welcher Tiergeist jemanden

begleitet, lässt sich nicht voraussagen. Zwingen lassen sie sich nicht. Denken Sie daran, dass ein Tiergeist ein eigenes Wesen ist – der richtige wird zur rechten Zeit zu Ihnen kommen.

## Einblasen

Die wahrscheinlich effektivste Art, Ihren Tiergeist zu finden, ist es, sich mit der Hilfe von jemandem mit einer Trommel auf die schamanische Reise in die Unterwelt bringen zu lassen. Unten angelangt, rufen Sie ein Tier. Kommt es zu Ihnen, bringen Sie es mit in diese Welt, wo Ihr Schamane es in Sie einblasen wird. Das schamanische Einblasen von Kraft –

meist in den Kopf oder ins Herz – ist eine von vielen Arten des Krafttransfers durch Schamanen.

Vielleicht haben Sie auch ohne Reise ein tiefes Gespür für ein Tier, das Sie immer begleitet, und wissen bereits, um welches Tier es sich handelt. Oder Sie brauchen noch etwas Zeit, um das herauszufinden. Taucht ein Tier öfter unverhofft in diesem physischen Leben auf? Lassen sich Krähen immer wieder dicht neben Ihnen nieder? Kreuzen Füchse Ihren Weg an ungewöhnlichen Orten? Es könnte sich um Ihren tierischen Geisthelfer handeln.

# DAS KENNENLERNEN

Sind Sie sich sicher zu wissen, welches Ihr Tiergeisthelfer ist,
fangen Sie an, mit ihm zu arbeiten. Bitten Sie ihn, Sie in schwierigen
Situationen zu begleiten. Ein Wort der Warnung: Das Tier wird
seine Charaktereigenschaft dorthin mitbringen.

Arbeiten Sie beispielsweise mit einem Dachs und rufen ihn zu sich, achten Sie darauf, dass Sie mit anderen Personen nicht aggressiv umgehen und deren Meinungen einfach abtun. Es ist wichtig, dass Sie alles über Ihr Tier wissen, aus zoologischer und volkskundlicher Perspektive. So erfahren Sie mehr über das Tier – und vermutlich auch über sich.

### Eine Beziehung entwickeln

Schaffen Sie es, sich Teile des Tiers wie Knochen, Zähne, Krallen oder Fell zu beschaffen, wickeln Sie sie zu einem Bündel und tragen es bei sich. Oder Sie stellen Fotos oder Stellvertreter des Tiers auf Ihren Altar. Versuchen Sie, eine Fetisch-Statue des Tiers zu machen. Sie muss nicht kunstvoll sein, es ist die Absicht, die zählt. Ein Pferde-Fetisch kann ein einfacher Holzstock sein, an den Pferdehaar gebunden wurde. Wenn es auf Sie wirkt wie ein Pferd, ist es ein Pferd – Sie bestimmen. Sprechen Sie mit Ihrem Tier, rufen Sie es, verbringen Sie Zeit mit ihm. Nehmen Sie es innerlich wahr, spüren Sie, wann es bei Ihnen ist und wann nicht. So entwickeln Sie ein enges Arbeitsverhältnis zu dem Tiergeist, der Ihre schamanische Arbeit unterstützen wird.

# BEIM LAND SEIN

Das Land, auf dem wir gehen, ist heilig. Wo immer Sie leben, das Land wurde von denen, die schon an ihre heiligen Orte gingen, heiliggehalten. Gehen Sie respektvoll damit um und beschenken Sie Ihre Vorfahren: Eines Tages in nicht allzu ferner Zukunft werden Sie selbst ein Vorfahr sein.

Es gibt imposante heilige Stätten aus uralten Menhiren, Aufschüttungen oder bemalten Steinen. Andere sind weniger auffällig, aber genauso heilig: Wasserfälle, Hügel, Täler, Höhlen oder Wälder. Wohin Sie auch gehen, gehen Sie mit Respekt für die Schönheit dieser Welt. Zerstören Sie nichts, nehmen Sie dem Land nur, was Sie brauchen und lassen ein Geschenk zurück.

### Einen heiligen Ort aufsuchen

Wenn Sie an einem außerordentlich heiligen Ort sind, bitten Sie den Geist um Erlaubnis, dort zu sein. Drängen Sie nicht einfach vorwärts. Berühren Sie einen Moment die Erde und sagen „Danke für diesen schönen Ort". Geben Sie etwas als Eintrittsgeschenk. Das kann so etwas Kleines wie ein Haar von Ihrem Kopf sein.

Nutzen Sie solche Orte fürs Gebet, aber respektieren Sie andere, die Ihre Sicht nicht teilen. Es ist nicht nötig, an solchen Plätzen eine Show aufzuführen, um zu beweisen, wie stark Sie als Schamane sind. Gehen Sie leise Ihrem Anliegen nach, es muss niemand mitbekommen. Haben Sie den heiligen Ort für sich allein, können Sie ruhig ausführlicher werden. Singen Sie für die Geister, bieten Sie Geschenke an und sprechen in alle vier Richtungen Gebete.

Wo immer Sie gerade sind, richten Sie Ihre Wahrnehmung auf die feine Energie des Ortes. Seien Sie leise und respektvoll. Diese Stätten gibt es bereits seit Äonen und sie werden länger überdauern, als Sie es sich vorstellen können. Wir sind lediglich kleine Besucher in einer lebendigen Landschaft.

„Geh im Schlaf
durch die Traumlandschaften
und lerne aus ihnen."

# TRÄUMEN

Hatten Sie schon einmal einen Traum, der sich so echt anfühlte, dass Sie
wussten, er war besonders? Vielleicht kam ein Tier oder eine verstorbene
Person zu Ihnen und sprach mit Ihnen. Vielleicht sahen Sie etwas, das
später passieren sollte. Das war ein „Medizintraum".

## Die Bedeutung von Träumen

In manchem Kulturen beschwören
Schamanen Träume herauf, dafür haben
sie Zeremonien. In anderen Kulturen
gelten Träume als gefährlich. Dort heißt
es, dass es wichtig ist, den Traum in dieser
Welt darzustellen, um zu verhindern, dass
er von den Träumenden Besitz ergreift.
Andere Kulturen wieder sehen Träume als
Realität und diese Welt als Traum an. Für
sie sind Träume äußerst wichtig.

## Träume verwenden

Wir alle träumen. Im Traum Wissen zu
erwerben, funktioniert bei einigen besser
als bei anderen. Ist das Ihr Weg, erkunden
Sie ihn, lernen Sie alles darüber. Spricht
Sie diese Methode nicht an, suchen Sie
nach einer anderen Methode, Weisheit zu
erlangen.

## Das Traumbündel

Um Träume herbeizurufen, brauchen Sie
ein Traumbündel, darin liegt die Absicht
zu träumen. Nehmen Sie dafür eine rote
Stofftasche, die Sie auf Ihren persönlichen
Altar legen, wenn Sie träumen möchten.
Darin sollen sein:

+ Etwas, wie eine Feder, das eine Eule
  repräsentiert, einen Vogel der Nacht,
  der mit Träumen assoziiert wird.
+ Einen Gegenstand, der für einen
  Bären steht, dessen Winterschlaf ihm
  den Titel „Schlafwächter" einbrachte.
+ Einen türkisenen Stein, der mit dem
  Himmel und Träumen assoziiert wird.
+ Etwas Salbei zum Schutz.
+ Einen kleinen Bergkristall zum Fokus-
  sieren und Verstärken der Absicht.

# DEM SCHAMANISCHEN WEG FOLGEN

Sind Sie durch dieses Buch neugierig geworden und möchten Ihre schamanischen Fähigkeiten entwickeln, dann suchen Sie jemanden, von dem Sie lernen, sich mit Geistern zu verbinden. Seien Sie immer offen für neue Lehrer, niemand kennt alle Antworten.

## Eine Tradition, viele Lehrende

Vielleicht weiß ein Lehrer viel über Zeremonien, während eine andere Lehrerin besondere Heilfertigkeiten besitzt. Warum sollten Sie nicht von beiden lernen? Nicht empfehlenswert hingegen ist das Vermischen von verschiedenen Ansätzen. Die Erdung in einer Tradition dient Ihnen als sichere Grundlage, damit Sie Ihr schamanisches Verständnis entwickeln.

Ihnen stehen viele schamanische Wege offen, es gibt Workshops und Bücher über amerikanische Ureinwohner, keltischen oder mongolischen Schamanismus und vieles mehr. Erforschen Sie die Richtung, die Sie einschlagen, nach Ihrem Gutdünken, aber halten Sie Ihre eigene schamanische Praxis einfach. Sie müssen nicht an einer Zeremonie nach der anderen teilnehmen, um „echt" zu sein. Häufig sind Schamanen stille Menschen, die ihren Angelegenheiten unaufgeregt nachgehen.

## Gebet und Dankbarkeit

Befassen Sie sich mit Zeremonien. Gefällt Ihnen das Thema, können Sie sich weiterbilden und selbst welche abhalten. Vielleicht fühlen Sie sich zu einer Zeremonienart hingezogen, etwa der Arbeit mit der heiligen Pfeife der amerikanischen Ureinwohner. Bedenken Sie aber, dass das kein Spaß ist, sondern ein heiliger Pfad, dem vor Ihnen schon viele gefolgt sind.

Die besten Lektionen erhalten Sie, wenn Sie die Geister demütig um Hilfe bitten. Entwickeln Sie Ihr Bewusstsein.

Der Schamanismus ist bodenständig und besteht im Kern aus Gebet und Dankbarkeit für das Geschenk des Lebens.

## Alle Ihre Beziehungen

Auf Ihrem Weg werden Sie Fehler machen. Wie wir alle. Manchmal werden Sie denken, dass Sie viel wissen, dann stellen Sie fest, dass das Gegenteil der Fall ist. Die Geister bleiben bei Ihnen, wenn Sie lernen. Wenn Sie sie respektieren und auch für die einfache Dinge, die sie lehren, offen sind, erhalten Sie Wissen.

Sie werden lernen, dankbaren Schrittes zu gehen, sich und alle anderen als heilige Wesen zu respektieren, die alle zu einem heiligen Kreis gehören. Sie werden wissen, wann Sie recht haben, ohne es beweisen zu müssen. Seien Sie nicht rechthaberisch. Sie werden wissen, wann und wie Sie eine Zeremonie durchführen, um einem Freund zu helfen oder jemandem die Richtung zu zeigen, der verlorengegangen ist. Und wenn Sie diese Dinge machen, richtet sich Ihr Blick darauf, ein Mensch zu sein – und die Geister werden mit Ihnen sein.

# SCHAMANISCHE ORAKELKARTEN

Die 36 Orakelkarten, die zu diesem Set gehören, helfen Ihnen beim
Channeln der verschiedenen Geistführer, mit deren Hilfe sich Ureinwohner
überall auf der Welt seit Jahrtausenden in Trance versetzen. Schamanen
hören auf das, was ihnen die Geister sagen, ob als direkte Botschaft
oder durch intuitives Lesen von Zeichen, die ihnen über die
Landschaft geschickt werden.

Die Karten sind Ihre Geistführer. Auf
jeder Karte finden Sie Schlüsselwörter,
mit denen Sie leichter eine Verbindung
zu der Bedeutung, die hinter den
Tieren steht, aufbauen. Die Arbeit mit
den Karten führt Sie tief in sich selbst
hinein und verbessert Ihre intuitiven
Fähigkeiten. Dadurch begeben Sie sich
auf Ihre eigene heilende Reise und
erlangen nicht nur Schutz für Ihre Seele,
psychologisches Wachstum und Glück,
sondern auch spirituelles Bewusstsein,
persönliche Stärke und Verständnis
für Ihre wahren Bedürfnisse und
Sehnsüchte.

Wie Tarotkarten decken die Orakelkarten auf, was Sie schon wissen,
worüber Sie aber noch Klarheit oder
Bestätigung benötigen. Mithilfe der
Karten werden Sie feststellen, dass
die Antworten bereits in Ihnen ruhen
oder worum es wirklich geht. Um
dorthin zu gelangen, brauchen Sie die
Führung eines Tiers und den Schutz
seines Geistes. Diese speziellen Tiere
verkörpern symbolische Botschaften, mit
denen Sie zu Authentizität, Zweck und
Magie finden.

**Die Karten als Orakel verwenden**

Lernen Sie zunächst, wie Sie sich über
die Bilder mit dem Geist verbinden.

1 Die richtige Stimmung ist wichtig.
   Zünden Sie eine Kerze an, dimmen

Sie das Licht. Oder gehen Sie raus in die Natur, aber Sie brauchen einen ruhigen oder stillen Ort ohne Störungen.

2 Schließen Sie einige Minuten lang Ihre Augen und entspannen sich.

3 Dann öffnen Sie die Augen und mischen die Karten. (Sie können eine Hälfte durch die Karten in Ihrer Hand fallen lassen oder sie verkehrt herum auf den Tisch oder Boden legen und sie mischen.)

4 Legen Sie die Karten in einer Reihe nebeneinander, Rückseite nach oben, oder ziehen sie wie einen Fächer auf. Wählen Sie eine aus.

5 Drehen Sie sie um und fokussieren sich auf Ihren Tiergeist. Denken Sie darüber nach, wie Sie auf das Bild reagiert haben, dann lesen Sie die Schlüsselwörter.

aber nicht zugibt oder der akzeptiert werden muss? Ist Ihre Reaktion positiv, kommt die Verbindung leicht zustande. Sie können nun mit Ihrem „Hai"-Selbst und dem Geistführer arbeiten, solange Sie möchten.

6 Dann lesen Sie die Schlüsselwörter und stellen sich zu jedem Wort etwas vor, besonders, wenn es aus den anderen hervorsticht. Beispielsweise das Wort „kalt": Ist etwas in Ihrem Leben kalt und distanziert? Vielleicht vermittelt der Hai, dass es in Ordnung ist, kühl zu sein oder dass Ihre kühle Art andere davon abhält, Ihnen nahe zu kommen. Im Positiven sagt der Hai: „Sei charismatisch und effizient, dann hast du Erfolg." Ihre Intuition führt Sie zu der für Sie bestimmten Botschaft.

Nehmen wir an, vor Ihnen liegt der Hai. Wie fühlten Sie sich, als Sie das Bild ansahen? Getröstet, ängstlich, besorgt, unentschlossen, verwirrt, erfreut? War es negativ, fragen Sie sich, ob es etwas in Ihrem spirituellen Selbst gibt, an dem Sie arbeiten sollten. Warum „fürchte" ich den „Hai"? Habe ich einen innerlichen „Hai", der hungrig ist, dies

## Die Karten für Meditation, Heilung oder Schutz einsetzen

Die Verbindung mit einem Geistführer wird Ihren schamanischen oder meditativen Zustand, in dem Sie ihre Fantasie freilassen, um einen stärkeren Heilprozess zu bewirken, vertiefen. Mit dieser Methode können Sie auch feststellen, welcher Geistführer Sie augenblicklich schützt und Ihnen hilft.

1 Versetzen Sie sich wieder in die richtige Stimmung, dann fokussieren Sie sich ein paar Minuten auf die Karte und ihre Schlüsselwörter.

2 Denken Sie sich mit den Schlüsselwörtern eine „Geschichte" aus, assoziieren Sie weitere Wörter mit den vorgegebenen. Beim Fuchs etwa: „Der gerissene Fuchs ist flink. Er läuft unsichtbar durch die Nacht, getarnt durch das Gebüsch. Wie er will ich meinen unabhängigen Geist an bestimmte Umstände anpassen und wie der Fuchs sein – geschickter darin, für meine Wünsche einzustehen."

3 Meditieren Sie eine Weile über den Fuchs, visualisieren Sie den Tierführer neben sich, der Ihnen den Weg zeigt, um Ihnen Frieden, Harmonie und Schutz bei allem zu bringen, was Sie beabsichtigen zu tun.

## Kartenlegung fürs Orakel-Wahrsagen

Die Karten können gleichzeitig zum Wahrsagen und als Orakel benutzt werden. Fangen Sie mit dieser einfachen Legung an:

1 Bereiten Sie die richtige Stimmung, zünden eine Kerze an, entspannen Sie und mischen. Wählen Sie vier Karten.

2 Legen Sie die Karten senkrecht untereinander.

- **Karte 1**: Wer bin ich jetzt?
- **Karte 2**: Wer ist nicht gut für mich?
- **Karte 3**: Wer möchte ich in der Zukunft wirklich sein?
- **Karte 4**: Wer hilf mir dabei, mein Ziel zu erreichen?

3 Drehen Sie jeweils eine Karte um, lesen die Schlüsselwörter und meditieren über das Bild. Bald schon werden Sie die Antworten finden.

Ein Beispiel dafür, was Sie gezogen haben:

1 SCHWEIN Jetzt bin ich freundlich, großzügig und arbeite schwer.

2 HAHN Ein arroganter Angeber behindert mich.

3 PFERD Ich möchte vorankommen, nach vorne gelangen, mehr Freiheiten haben.

4 ZIEGE Ein ehrgeiziger Freund oder Kollege bringt mich auf den richtigen Weg.

Das Orakel-Wahrsagen hilft Ihnen, sich darüber klarzuwerden, was zu tun ist und wem Sie trauen können oder bestätigt Ihre Intuition.

SCHWEIN

Fleiß, Großzügigkeit, Freundlichkeit, Naivität, Entschlossenheit, Hingabe, Verantwortung, Hilfsbereitschaft, Gutmütigkeit, Unsachlichkeit

PFERD

Frieden, Geselligkeit, Entwicklung, Natürlichkeit, Entgegenkommen, Geist, Freiheit, Ausdauer, Lebenskraft, Leichtsinn

HAHN

Enthusiasmus, positive Einstellung, Humor, Kraft, Sexualität, Geschwätzigkeit, Egoismus, Zurschaustellung, Eitelkeit

ZIEGE

Rasche Auffassungsgabe, Unabhängigkeit, Initiation, Opportunismus, Stabilität, Wohlstand, Ehrgeiz, Anschaffung

# STICHWORTVERZEICHNIS

# DANKSAGUNG

Nicholas Breeze Wood praktiziert seit Mitte der 1980er Jahre Schamanismus. Er kombiniert ihn mit dem „erdigeren Teil" des tibetischen Buddhismus und den „Medizin"-Stammeslehren der Ureinwohner Nordamerikas. Er hat über die Jahre mit vielen begnadeten Schamanen und Medizinmenschen gearbeitet und unterrichtet auch selbst. Er ist treuer Schüler seiner Geisthelfer, deren Lehren ihn immer wieder in Erstaunen versetzen und überraschen. Er ist Herausgeber des *Sacred Hoop Magazine* – einem führenden, international erscheinenden Magazin über Schamanismus, das es seit 1993 gibt. Außerdem ist er Musiker und Künstler. www.sacredhoop.org

Sarah Bartlett ist Autorin vieler spiritueller und okkulter Bücher, einschließlich des Bestsellers *Tarot Bible* und *Essential Guide to Psychic Powers*.

# BILDRECHTE

Tatyana Borisova 2, 34, 35, 47, 71, 82, 91; Shutterstock/Reinke Fox 5, 12, 22, 42, 58, 92; Shutterstock/MongPro 6–7; Shutterstock/Svetlana Bondareva 9; Shutterstock/Lucy Brown - loca4motion 11; Shutterstock/Oleksii Liebiediev 13; Shutterstock/Natalia Sedyakina 14, 70; Shutterstock/Mikadun 17; Shutterstock/Tobie Oosthuizen 19; Shutterstock/Jim H Walling 21; Shutterstock/Texture background wall 23(t); Shutterstock/VolodymyrSanych 23(r); Shutterstock/Charunee Yodbun 23(b); Shutterstock/Runrun2 23(l); Shutterstock/Bokeholic 25; Shutterstock/Anneka 26; Shutterstock/grey_and; 29; Shutterstock/JOJOSTUDIO 29, 57, 59, 69, 79, 93 (background); Shutterstock/Chayasit Fangem 30; Shutterstock/Pises Tungittipokai 33; Shutterstock/yaalan 37; Shutterstock/Kertu 39; Shutterstock/Samakai 40–41; Shutterstock/FloridaStock 43; Shutterstock/Jozef Klopacka 45; Shutterstock/Uladzimir Gudvin 46; Shutterstock/onajourney 49; Shutterstock/Elena Ray 50, 63, 89; Shutterstock/Microgen 53, 68; Shutterstock/Jane Rix 55; Shutterstock/Zakirov Aleksey 56; Shutterstock/Sallehudin Ahmad 61; Shutterstock/bjphotographs 65; Shutterstock/LuminatePhotos by judith 66–67; Shutterstock/Adrian Today 73; Shutterstock/SujaImages 74(l); Shutterstock/Fogey 74(r); Shutterstock/KITTIKUN-MONGKOL NARUDON 75(l); Shutterstock/Bilanol 75(r); Shutterstock/Ammit Jack 77; Shutterstock/everst 78; Shutterstock/Sergey Uryadnikov 80(l); Paul Tessier 80(r); Shutterstock/Dennis Stewrt 81(l); Shutterstock/Holly Kuchera 81(r); Shutterstock/Petri Volanen 83; Shutterstock/Creative Travel Projects 85; Shutterstock/hofhauser 86.